总主编　惠　中

21世纪
小学教师
教育系列教材

美术基础

（第四版）

●主编　陈小珩

中国人民大学出版社
· 北京 ·

总　序

教师是教育事业发展的基础，是提高教育质量、办好人民满意教育的关键。《国务院关于加强教师队伍建设的意见》明确提出，我国教师队伍建设的总体目标是：“到 2020 年，形成一支师德高尚、业务精湛、结构合理、充满活力的高素质专业化教师队伍。”为了实现这一目标，国家加大了教师教育改革的推进力度。2011 年 10 月，教育部在北京召开全国教师教育课程改革工作会议，颁布了《教育部关于大力推进教师教育课程改革的意见》和《教师教育课程标准（试行）》，对深入推进教师教育课程改革作出了总体部署。2012 年 2 月，教育部在广泛征求意见的基础上，正式颁布《幼儿园教师专业标准（试行）》《小学教师专业标准（试行）》《中学教师专业标准（试行）》，将其作为教师培养、准入、培训、考核等工作的重要依据。与此同时，为了严把教师入口关，教育部制定了教师资格考试指导意见和定期注册试行办法，颁布了考试标准，并于 2011 年底将浙江、湖北作为国家教师资格考试试点省份。

教育部关于教师教育改革的一系列重大部署对我国教师教育发展将产生积极、深远的影响。其中，各类“教师专业标准（试行）”明确提出了对合格中小幼教师的专业要求，为促进中小幼教师的专业化发展、建设一支高素质的教师队伍提供了基本准则；《教师教育课程标准（试行）》则聚焦教师教育课程的改革，其所倡导的基本理念、基本标准和课程模块等，对中小幼教师教育的课程设置、教学内容和培养方式的改革提出了具体、明确的要求；教师资格考试制度改革明确废止了我国教师资格认定的“双轨制”，要求师范生和非师范生必须参加国家统一的教师资格考试，包括笔试和面试，考试成绩合格者方能认定教师资格，这必然对教师教育机构的教师培养产生一定的冲击……这一切，都要求教师教育机构、教师教育工作者和研究者关注教师教育改革的动态，研究和领会教师教育改革的精神，进一步推进教师教育的课程教学改革工作。

在我国 1 200 万中小幼教师队伍中，小学教师占了近半壁江山，小学教师队伍建设是我国教师教育发展的一个重要方面。20 世纪 90 年代以来，随着我国经济、社会和教育事业的发展，我国三级师范教育体系逐步向二级甚至一级师范教育体系过渡，小学教师培养也经历了由以中专学历为主体，到大学专科和本科学历占主导地位的迅速转型。据不完全统计，目前各类教师教育机构开设的本科小学教育专业有160多个，开设的专科初等教育专业有近200个，形成了十分庞大的小学教师培养规模。小学教育专业是我国高等师范教育体系中一个全新的专业，经过小学教师教育界同人多年的实践探索和理论研究，其专业建设已取得许多重要成果。但毋庸讳言，其专业建设中依然存在着诸如培养模式不够清晰、课程设置不尽合理、课程内容简单照搬、培养方式变化不大等问题。特别值得指出的是，高等教育大众化带来的高等院校升格和结构调整，灵活、开放的教师教育体系构建带来的师范院校的重新定位和内部重组，小学教师培养迅速高学历化带来的培养模式变革和课程教学改革，都迫切要求我们贯彻落实教育部教师教育改革的精神，以培养造就高素质专业化小学教师为目标，创新教师教育课程理念，优化教师教育课程结构，改革课程教学内容，改进教学方法和手段，强化教育实践环节，加强小学教育专业建设，提高小学教师的培养质量。

加强教学基本建设是专业建设的中心问题之一。课程是组织教学的基本单位，教材则是课程的载体，教材建设涉及教育理念的更新、教学内容的选择和教学方式的变革，加强小学教育专业的教材建设是保证小学教师培养质量的重要方面。高学历小学教师的培养模式、课程体系仍处于探索之中，《教师教育课程标准（试行）》的颁发也必然导致小学教师培养课程的结构调整，加之国家教师资格考试制度改革对小学教师培养提出了新的要求，这些都应该体现在小学教育专业的教材之中。有鉴于此，我们组织编写了这套“21世纪小学教师教育系列教材”。

在这套教材的组织编写过程中，我们始终坚持并力图实现以下目标：

第一，根据《教育部关于大力推进教师教育课程改革的意见》《教师教育课程标准（试行）》的精神，按照小学教育专业培养模式改革和课程结构调整的要求，精心设计系列教材结构和具体编写项目。我们将本套教材设计为小学教师教育理论系列、小学教师学科教育系列和小学教师教育教学实践系列三个部分，分别针对小学教育专业师范生的教师教育理论课程的学习、主要任教学科专业基础课程的学习和小学教育教学实践能力提升三个方面。在具体教材项目选择方面，则注意与小学教育专业的课程改革相吻合，除了基本覆盖该专业传统基础课程之外，还设计了《小学教育基础》《小学生认知与学习》《小学数学思维方法》《儿童文学应用教程》《小学语文教学设计与案例分析》《小学数学教学设计与案例分析》《小学班队活动设计》《小学科学活动设计与指导》《小学综合实践活动设计与组织》《小学生心理健康与辅导》等教材，希望能够填补小学教育专业教材建设的一些空白。

第二，根据《小学教师专业标准（试行）》对小学教师的具体要求，坚持育人为本的基本理念，精心选择教材编写内容。教育生理和心理都处于迅速成长期的6～12岁儿童，要求小学教师具有良好的师德，要关爱小学生，尊重小学生人格，富有爱心、责任心、耐心和细心等，也要求小学教师具有综合的专业素养，具备合理的知识结构和多方面的专业能力。我们必须改变长期以来以学科知识体系为主线的教材内容组织方式，而应以小学教师的职业需要为前提，关注小学教育专业师范生培养实际，关注未来小学教师专业素养的养成，关注小学教育新课程改革的方向，关注小学不同版本教材的内容差异，并兼顾在职小学教师专业发展和培训的需要，选择合适的教学内容，形成具有自身特色的教材知识体系。

第三，根据国家教师资格考试制度改革的要求，突出实践取向和能力培养，将学科知识、教育理论与教育实践有机结合，以培养未来小学教师教书育人的实践能力。本套教材的编写十分注重从解决小学教育教学实践中的问题出发，其中教育理论知识学习以学生能理解和运用为目的，教育教学实践能力培养注重学生实践体验和反思的过程，同时兼顾国家教师资格考试相关内容与技能训练，以推动小学教师教育的教学方式和学习方式的变革。

第四，在教材的编写体例和内容呈现方式上，本套教材注意学习借鉴国内外相关高等教育教材的成功经验，根据不同的教材系列设计出更加灵活的编写体例，增加更多课堂和教育案例与相关知识专栏。写作语言风格活泼，避免简单的理论说教，以适合当代教育工作者阅读和学习的需要。

组织编写“21 世纪小学教师教育系列教材”是一项庞大的系统工程，此项工作不仅得到了全国许多从事小学教师教育的兄弟院校领导的大力支持、中国人民大学出版社领导的直接关心和策划编辑的精心策划，更有赖于各分册主编和编写者的辛勤劳动，以及教育部小学教育特色专业建设项目和上海市高校内涵建设项目所给予的资助，对此我们一并表示衷心感谢！

本人从事小学教师教育研究已有 20 年之久，也先后主持和参与了一些小学教师教育教材建设项目，在自己学术研究和职业生涯的最后阶段，我愿将多年从事小学教师教育研究的成果和经验，将自己参与教育部许多教师教育重大改革项目的思考和启示，运用于本套教材的编写过程中。希望通过各方的积极参与和共同努力，能够编写出反映教师教育改革与发展趋势的、具有特色的小学教师教育教材，为小学教育专业建设和小学教师专业发展尽绵薄之力。

是为序。

惠　中

2014 年 8 月 2 日

于上海师范大学教苑楼

第四版前言

伴随着新时代的到来，我国小学教育事业发展迅速，2015 年出版的小学教师素质教育必备的通识教育系列教材《美术基础（第三版）》，在使用过程中迎来新的美术教育理念的挑战。为此我们根据近年来美术教学实践的体会和小学课改的反馈，再次对《美术基础》进行了修订。修订后的教材仍然分四个板块，在保留原书基本框架的基础上，对部分章节做了修改，增加了一些经典美术作品的介绍，突出教材理论与实践相结合的特点，有助于加强未来小学教师的职前基本技能训练和美术素质的培养，提高他们的综合素质和综合实践能力。本教材在教学实践中，得到全国许多高等师范院校初等教育专业美术教师的关心和支持，他们对本书提出了不少宝贵的意见和建议，在此一并表示感谢。希望通过不断的修改完善，使这本美术基础教材继续成为培养初等教育专业教师有益的教学研究用书。

陈小珩

2019 年 1 月

第三版前言

近年来我国小学教育事业发展迅速，几年前再版的《美术基础》作为小学教师素质教育必备的通识教育系列教材，在使用过程中发现与小学教学改革不断深化的需求存在差距。这次，我们根据近年来美术教学实践的体会和小学课改的反馈，再次对《美术基础》进行了修订。

修订后的教材仍然分四个板块，在保留原书基本框架的基础上，对部分章节作了较大的修改，重点突出教材的实用性，加强未来小学教师的职前基本技能训练和美术素质的培养，以提高他们的综合素质和综合实践能力。

本教材由陈小珩、黄海波、杨罗丹、程卓行合作撰写，教材的第三版由陈小珩定稿。本教材在教学实践中得到全国许多高等师范院校初等教育专业美术教师的关心和支持，他们对本教材提出了不少宝贵的意见和建议，在此一并表示感谢。修订中我们也认真地考虑和吸取了大家的意见与建议，并在教材的修订本中将其体现出来。

本教材在修订过程中得到众多美术教育界同行和领导的热忱帮助与支持，在此表示衷心的感谢。

陈小珩

2015 年 1 月

第二版前言

作为小学教师素质教育必备的通识教育教材，本科初等教育专业美术教学的教科书《美术基础》已经使用三年了。为了适应近年来我国教育事业的迅速发展和小学课程、教材、教学改革不断深化的需求，我们根据三年来美术教学实践的体会和小学课改的反馈，结合近年来小学教育领域的研究成果，对《美术基础》进行了修订。

本次修订在保留原书基本框架的基础上，对部分章节作了较大的修改。修订后的教材仍然分为四个板块，以美术的基本理论知识和具体实践练习为主线，重点加强未来小学教师职前基本技能的训练，提高他们的综合素质和实践能力。第一板块还是以重点介绍美术常识和基础理论知识为主，结合介绍中外美术作品，重在培养学生对美术的理解和认识，增强学生的审美鉴赏能力。第二板块以提高学生的基本造型能力的实践练习为主，结合素描造型的基础理论知识学习，从最基本的几何体素描表现入手，培养学生的绘画动手能力，力争较快地提高学生的造型能力。在第三板块中，考虑到学生美术表达的实际能力，删去了风景水粉写生和人物水粉写生等难度较大的内容，加强了装饰色彩的练习，结合小学生对卡通画、儿童画的兴趣爱好，增加了卡通画、儿童画的练习，力求通过这些实践练习，引导学生认识色彩、了解色彩的功能和基础知识、掌握运用色彩规律表现色彩的技巧。第二板块和第三板块教学的目的非常明确，就是遵照美术学习的发展规律，发展学生的美术实践能力，促进他们较快地提高美术素养。第四板块调整了部分内容，突出了这一板块的重要性，增强了实用性，增加了培养学生的综合实践能力以及适应小学教学工作开展所需的内容。

修订后的《美术基础》，在教学内容和课程结构方面都作了调整，更加强调美术教学的现实性、实效性和针对性，力求做到融科学性、知识性、通俗性、趣味性于一体，让学生在学习中能开阔视野、陶冶情操、增长美术知识、提高动手能力和创造能力，同时也为爱好美术的学生提供了业余自学的教材。希望这本《美术基础》能为加强本科初等教育专业美术课的课程建设、深化小学基础教育的改革、满足全面实施素质教育的需要，以及提高学生的综合素质、培养具有创新精神和实践能力的新型小学教师作出积极的贡献。

本教材由陈小珩、黄海波、杨罗丹、程卓行合作编写，最后由陈小珩修订、定稿。第一版教材在三年来的教学实践中得到全国许多高等师范院校初等教育专业美术教师的关心和支持，在此表示感谢。修订中我们也认真地考虑和吸取了大家的意见和建议，并在教材的修订本中加以较完整地体现。

本教材在修订过程中得到众多美术教育界同行和领导的热忱帮助与支持，在此一并表示衷心的感谢。由于时间仓促，且编者的水平有限，因而难免存在不足之处，请广大的读者批评指正，也再次欢迎一线教师提出不同的建议和意见，以便在今后及时改进、不断完善。

陈小珩

2009 年 7 月

第一版前言

《美术基础》是为本科初等教育专业美术教学提供的教科书，是小学教师素质教育必备的通识教育教材。

为落实科教兴国的战略，推动我国教育事业的发展和全面实施素质教育，美育已在高等院校的教育体系中确立了其应有的地位。实施美育，最主要、最直接也是最见成效的方式就是艺术教育，而美术教育是艺术教育的重要组成部分之一。

美术教育是人类最早的文化教育活动之一，美国著名教育家罗恩菲德指出："在艺术教育里，艺术只是一种达到目标的方法，而不是一个目标；艺术教育的目标是使人在创造的过程中，变得更富于创造力，而不管这种创造力将施用于何处。"① 本科初等教育专业的美术课教学，就是以美术为教育的媒介和达到目标的方法，有目的地培养学生正确的道德观、审美情趣、实践能力和创造能力等基本综合素质，使他们更加适应21世纪小学教育发展的需要。

为加强本科初等教育专业美术课的课程建设，我们编写了这本《美术基础》，编者对编写形式和风格进行了新的尝试，对教学内容和课程结构作了部分调整，强调美术教学的现实性、实效性和针对性，力求做到融科学性、知识性、通俗性、趣味性于一体，让学生在学习中开阔视野、陶冶情操、增长美术知识、提高动手能力和创造能力，同时也为爱好美术的学生提供了业余自学的教材。

本书共分四个板块，以美术的基本理论知识和具体实践练习为主线，重点加强未来小学教师职前基本技能的训练，提高他们的综合素质与实践能力。第一板块以重点介绍美术常识和基础理论知识为主，结合介绍中外美术作品，重在培养学生对美术的理解和认识、增强学生的审美鉴赏能力。第二板块主要以提高学生的基本造型能力的实践练习为主，结合素描造型的基础理论知识学习，培养学生的动手实践能力。第三板块强调对色彩的认识、了解色彩的功能和基础知识，让学生能够在学习、实践中运用色彩规律表现色彩。第

① 罗恩菲德．创造与心智的成长．长沙：湖南美术出版社，1993：4.

四板块重点培养学生的综合实践能力，主要包括图案、美术字、平面设计等实用美术方面的教学内容，以及简笔画等适应小学教学工作开展的内容。

本书是集体合作的成果。各章分工撰写，第一章：陈小珩；第二章：黄海波；第三章：杨罗丹；第四章：程卓行。全书最后由陈小珩统改、定稿。

在编写过程中，我们吸收了近几年全国各高等师范院校初等教育专业美术教学的特点和经验，并注意吸取有关教材的优点和广大师生的意见与要求。本书在编写过程中得到了众多美术教育界同行和领导的热忱帮助和支持，在此一并表示感谢。由于时间紧、任务重、水平有限，本书难免存在不足之处，需要在教学实践中不断改进、不断完善。我们欢迎一线教师提出不同的建议和意见，以便在教材再版时改进。

陈小珩

2006 年 5 月

目 录

第一章

走进美术世界

文化进步的国民，既要实施科学教育，又要普及美术教育。

——蔡元培

Mei Shu Ji Chu

本章导引

美术是艺术的一个重要门类，它既是一种意识形态，也是人类社会生活中的一种活动方式，是一种特殊的社会意识形态和特殊的精神生产形态。它通过艺术实践活动，反映从物质世界到精神世界的全面的社会生活，创造出美的精神产品，满足人类精神上的审美需要。美术的社会功能也是多方面的，不仅可以反映社会的经济关系和生产关系，也可以反映人们的各种幻想、情感、情绪、愿望、审美趣味和审美思想，其领域是极其广阔的。可以说，美术与人们的衣、食、住、行、用有着千丝万缕的联系。

本章要点提示

1. 探索美术的源泉，了解美术的基本特性。
2. 了解美术的分类及其不同的艺术特质。
3. 了解美术的功能及其对素质教育的重要作用。
4. 学习美术造型语言的基本要素，了解造型语言的不同表现形式。

第一节　探索美术的源泉

一、美术的概念

> 艺术是生命的最高使命和生命本来的形而上活动。
>
> ——尼采

美术，又称为造型艺术、空间艺术和视觉艺术，是运用各种不同的物质材料（如布、纸张、颜料、泥石、木材等），通过塑造静态平面的或立体的视觉形象来反映社会现实生活和表现艺术家思想情感，并带给人美感享受的艺术形式。为此，美术是一种再现性空间艺术，是一种静态的视觉艺术。目前我们所讲的“美术”，主要包括绘画、雕塑、摄影、书法篆刻、工艺美术、建筑园林艺术等种类。

作为艺术的一个独立门类，美术的艺术形态具有相当鲜明的个性特征。当美术和其他艺术相结合时，还可以极大地丰富其他艺术的表现力，如舞台美术对丰富音乐、舞蹈、戏剧艺术表现的作用。另外，美术和现代科学相结合，又能够派生出新的艺术门类，如三维动画、电脑美术等。

二、美术的基本特性

美术之所以又称为造型艺术、空间艺术和视觉艺术，是因为它的审美基本特性主要体现在造型性、视觉性、空间性和静态性四个方面。

（一）造型性

造型性是美术最基本的特性。所谓造型，就是塑造客观事物的形象，是指艺术家运用一定的物质材料和艺术形式，塑造出欣赏者可以直接感受到的艺术形象。比如绘画是用线条、块面、色彩等在二维空间里塑造形象（图 1－1、图 1－2），摄影是用影调、色调在二维空间里塑造形象（图 1－3），雕塑则是运用泥土、木头、石材等材质在三维空间里塑造出具有实在物质性的艺术形象（图 1－4），等等。

《蒙娜丽莎》介绍：《蒙娜丽莎》是达·芬奇最负盛名的作品。作品中的蒙娜丽莎，面庞秀丽、形象逼真，坦然自信的神态流露出不可捉摸的神秘的微笑，微笑中似乎又透出一丝悲哀。达·芬奇巧妙地平衡了精确与含蓄的关系，使作品韵味无穷。同时他运用了“空气透视法”，使形体表现自然而柔和，创造了朦胧、含蓄、微妙的动人境界。在构图上，达·芬奇改变了以往肖像画采用侧面半身或截至胸部的习惯，而采用正面的胸像金字塔形构图，使人物更显端庄、稳重。

图 1-1 《深渊》（油画）列维坦

图 1-2 《蒙娜丽莎》（油画）达·分奇

图 1-3 《梦中乐》（摄影）

图 1-4 《摩西》（雕塑）米开朗琪罗

造型性的含义相当广，如有立体造型，也有平面造型；有色彩造型，也有黑白造型；有具象的造型（图 1-5），也有抽象的造型；还有具象与非具象并存的现代造型艺术（图 1-6）。

图 1-5 《戴金盔的人》（油画）伦勃朗

图 1-6 《三件式斜卧像》（雕塑）摩尔

美术的造型性，突出表现在美术作品擅长反映客观事物可视的外部形象。但是美术的任务并不局限于逼真地再现外形，而是要通过对物象外形的塑造，深刻地反映事物内在的精神气质和表现人们丰富复杂的内心情感世界。中国画论中讲求“以形写神”“形神兼备”，强调注意处理好艺术表现中的“形似”与“神似”的关系，这就是对美术造型性中艺术本质规律的深刻论述（图 1－7）。

图 1－7 《造化为师——黄宾虹先生像》（中国画）吴山明

（二）视觉性

> 因为绘画依靠视觉，所以，它的成果极容易传达给世界上一切世代的人。
>
> ——达·芬奇

由于美术塑造的艺术形象是用一定的物质材料固定下来的客观实体，这使得它具有直观性和具体性，因而“视觉性”就成为美术的又一重要的特性。

美术作品的创作与欣赏都是通过视觉来完成的。艺术家通过视觉感官并借助于相应的造型手段创作出能够反映社会现实生活和表现艺术家思想情感的、可视的美术作品（图 1－8、图 1－9）。

图 1－8 《长征路上》（油画）何孔德

图 1－9 《1808 年 5 月 3 日的枪杀》（油画）戈雅

观赏者在欣赏美术作品时，不需要像欣赏文学作品那样必须借助语言文字，只要凭借视觉感官就可以直接感受到作品中艺术形象所传达的丰富的视觉美感，从而产生审美愉悦。这一特性也使得美术作品比其他任何艺术都具有明白易懂的优点。显然，离开了视觉，也就谈不上什么造型艺术了（图 1－10）。

（三）空间性

美术作品是运用一定的实体性物质材料，在不同的空间里塑造出可视的艺术形象，所以空间性便成为美术的又一重要特性。

根据艺术形象所占有的空间维度，我们把美术分为二维空间美术和三维空间美术。二维空间美术是指在长和宽两个维度的平面空间中创造艺术形象（如油画在平面的画布上表现艺术形象），所以又把表现二维空间关系的美术称为平面艺术，它主要包括绘画、书法、摄影、平面设计等。而三维空间美术则是指创造的艺术形象与物质世界处于同一空间，具有长度、宽度和深度的三个维度关系，主要包括雕塑、建筑以及现代艺术中的装置艺术等美术形式（图 1－11）。

《大卫》介绍：《大卫》是美术史中最为人们熟悉的不朽杰作，也是最鲜明展示文艺复兴意大利美术特点的作品。米开朗琪罗在雕刻大卫形象时，真正实现了把生命从石头中释放出来的理想，以精湛的技巧、坚定的信念，雕琢出这尊完美的英雄巨像。米开朗琪罗在创作《大卫》这幅作品时，有意识地夸张了大卫的头、手、腿的比例，使雕像产生咄咄逼人的富有节奏感的力量。这时的大卫，正处于临战时的生动状态：头部转向左侧，双目怒视前方，左手握着肩上的投石机，右手垂于身旁，随时准备打击敌人，叉开的两腿则保持着一种警惕的姿势，身体上每一块肌肉都充满着生命的活力。

图 1－10 《舞蹈》（雕塑）卡尔波

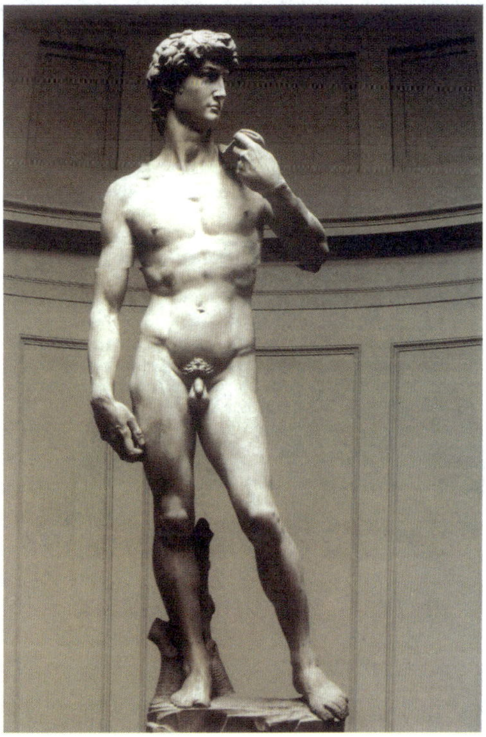

图 1－11 《大卫》（雕塑）米开朗琪罗

具体来说，在二维空间上表现艺术形象的绘画，是运用透视、色彩、明暗等艺术表现手法，通过视觉的感受，产生立体空间的效果（图 1－12、图 1－13）；具有三维空间性质的雕塑、建筑，除了依靠视觉感受到其本身具有的立体空间以外，还可以依靠触觉和运动觉去感受艺术形象的空间感（图 1－14、图 1－15）。与造型性相辅相成的空间性，确立了空间感在美术中的重要作用。

图 1－12 《最后的晚餐》（油画）达·芬奇

图 1－13 《无边的森林》（油画）希施金

图 1－14 《艰苦岁月》（雕塑）潘鹤

图 1－15 意大利米兰大教堂（建筑艺术）

（四）静态性

由于美术不具备时间因素，只能塑造存在于空间的静止的形态，美术作品的形象具有瞬间性和静态性特点。客观世界的一切事物都是处在时间与空间之中，不存在绝对静止不变的事物。因此，美术必须从物质世界的时间性中跳脱出来，寻求恰当的表现形式，抓住客观事物发展过程中的某一瞬间形象和艺术形象来表现动态的活动形象，用美术的物质材料和艺术语言把它们固定下来。这就是美术作品具有的一种独特的、瞬间性的静态性特性（图 1－16）。

《拉奥孔》介绍：这一群雕是由阿格桑德罗斯、波利多罗斯和阿典诺多罗斯三位雕塑家于公元前 50 年左右完成的。群雕取材于希腊神话中特洛伊战争的故事。拉奥孔是特洛伊城阿波罗神庙的祭司。他在特洛伊战争中警告同胞千万不要中希腊人设下的木马计谋，因此得罪了希腊保护神雅典娜。雅典娜为了惩罚拉奥孔，立即派两条巨蟒从田奈多斯岛直奔特洛伊，首先咬死了拉奥孔的两个儿子，然后又缠绕着拉奥孔，用毒液浸透他的肉体。群雕表现的就是这一悲剧情景。

希腊雕塑在形式表现上力求化丑为美，显示出“静穆的光辉”。在古希腊艺术家看来，美是艺术家的最高法律。他们为了避免在表现痛苦时显示的丑态，选取了情节高潮之前的最佳的、最有价值的一瞬间来表现。

静态性既是美术的一个审美特性，也是美术造型的一种局限。也正是这个局限，促使美术创作不得不依靠感性知觉的联系作用，以静示动，选取事物运动变化过程中最精彩的瞬间，去创造鲜明、突出和高度概括的视觉形象，并通过视觉形象的刻画与暗示，诱导和调动观赏者的体验、联想，进而促进了美术独特的艺术魅力的形成（图 1－17）。

图 1－16　《拉奥孔》（雕塑）阿格桑德罗斯等

图 1－17　《意外归来》（油画）列宾

第二节　美术的分类及其艺术特质

美术是一个包容着人类丰富造型活动的艺术门类，涉及从纯美术到实用美术的甚为广泛的领域。根据不同的原则和角度，美术有不同的分类。

比如根据美术的不同功能，可以分为纯美术和实用美术两大类。纯美术主要是指为满足人们日常生活中欣赏和娱乐等方面的精神需求，以审美为目的的美术形式，它主要包括绘画、雕塑、摄影、书法、篆刻等美术种类；实用美术则主要是指以实用为目的的美术形式，它包括工艺美术、建筑艺术和园林艺术等美术种类。

根据美术表现形式的空间性的不同，又可以划分为二维空间的平面造型艺术和三维空间的立体造型艺术两类。二维空间的有绘画、书法、篆刻、摄影等，三维空间的包括雕塑、装置、建筑等。

美术在表现形态上还有具象美术和抽象美术之分，具象美术模拟大自然中原有的物象，抽象美术则创造非模拟的、高度提炼的物象。

无论怎样划分美术的种类，都免不了带有一定的相对性。因此，在一般情况下，我们习惯把美术分为绘画、雕塑、摄影、书法、篆刻、工艺美术和建筑艺术等几大类。

一、绘画

> 绘画能比语言文学更真实更准确地将自然万象表现给我们的知觉。
>
> ——达·芬奇

绘画是美术中最主要的一种艺术形式。它是一种使用笔、刀等工具，颜料和墨等物质材料，运用线条、色彩、明暗等艺术语言，通过构图、造型、设色和透视等艺术手段，在纸、纺织品、木板、墙壁等平面上，塑造出具有一定形状、质感和空间感的艺术形象的美术形式。

绘画的种类繁多，表现形式多样，表现范围也十分广泛，是整个美术门类中最丰富多彩的艺术形式。从不同的角度出发，绘画又可以分成许多种类。

依据绘画体系的不同，绘画可分为东方绘画和西方绘画两大体系。

依据使用的材料、工具和技法的不同，绘画可分为中国画、油画、版画、水彩画、水粉画、色粉画、丙烯画、漆画、素描等画种。

依据题材内容的不同，绘画又可分为肖像画（图1－18）、风景画（图1－19）、风俗画（图1－20）、静物画（图1－21）、历史画（图1－22）、军事画（图1－23）、宗教画（图1－24）、动物画（图1－25）等画种。中国画由于自身的特点而划分为山水画、花鸟画、人物画等画种。

依据画面形式的不同，绘画又可划分为架上绘画、壁画（图1－26）、岩画、单幅画、组画、连环画（图1－27）等画种，中国画中又有卷轴、册页（图1－28）、手卷（图1－29）、扇面（图1－30）、屏障画等多种划分。

同时，依据社会作用的不同，绘画还可以分为年画（图1－31）、宣传画（图1－32）、广告画（图1－33）、漫画（图1－34、图1－35）、装饰画（图1－36）、插图（图1－37）等不同的画种。

图 1-18 《教皇英诺森十世像》（肖像画）委拉斯凯兹

图 1-19 《孟特芳丹的回忆》（风景画）柯罗

图 1-20 《清明上河图》（风俗画）张择端

图 1-21 《金盘与花环》（静物画）布勒哲尔

图 1-22 《拿破仑一世加冕大典》（历史画）达维特

图 1－23 《平叛的号角》（军事画）
东·托瑞尼

图 1－24 《西斯廷圣母》（宗教画）
拉斐尔

图 1－25 《虎》（动物画）方楚雄

图 1－26 敦煌壁画

（14）一连几杯冷酒，灌得面糊微带醉意，话多起来了。他谈起他大女儿出嫁时的穷困，谈起他婆婆的好心。龚子元心里暗笑：“你婆婆心好，关我什么事？”

（16）又是几杯下肚，面糊满脸通红，舌子打罗了。龚子元趁火打劫地问道：“听说你家客常不断，是吗？”面糊回道：“经常有干部住在家里，不算是客，家常便饭。”

图 1－27 《山乡巨变》（连环画）贺友直

图 1－28　《黄鸟图》（册页）

图 1－29　《步辇图》（手卷）阎立本

图 1－30　《出水芙蓉图》（扇面）吴柄

图 1－31　《红楼梦》（月份牌年画）

图 1－32　北京奥运会宣传画

图 1－33　POP 校园广告

图 1－34　《文化人的新追求》（漫画）张滨

图 1－35　三国动漫人物造型（漫画）

图 1－36　装饰画

图 1－37　《儿时的歌》（插图）梁培龙

另外，依据语言风格的不同，绘画还可以分为写实绘画（又称具象绘画）（图 1－38）、抽象绘画（图 1－39）等。

图 1－38 《无名女郎》（写实绘画）克拉姆斯柯依

图 1－39 《西班牙内战预告》（抽象绘画）达利

有些画种还可以进行细分，如中国画按其表现特点可以细分为工笔画和写意画，而版画又可以细分为凸版型版画（包括木刻、麻胶版画）、凹版型版画（如铜版画）、平版型版画（如石版画）、空版型版画（如丝网版画）等。

由此可见，绘画是一个样式和体裁十分繁多的艺术形式。这里介绍几个主要画种的艺术形式特点。

（一）油画

油画是用透明的调色油作为媒介调和油画颜料，在经过加工的布、纸、木板等材料上作画的一种绘画形式。油画起源于欧洲，在近代已发展成为世界性的绘画形式，是世界绘画艺术中分布范围最广、最有影响的画种，也是西方绘画体系中最重要、最具代表性的画种。

西方绘画源远流长，真正意义上的油画，是在 15 世纪早期，由尼德兰画家凡·艾克兄弟在绘画中发明调油技法而开始形成的（图 1－40）。一般情况下，我们把15—19 世纪的油画称为古典油画，把 19 世纪法国印象派之后的油画称为现代油画，把在两者之间出现的浪漫主义油画（图 1－41）和印象主义油画称为近代油画（图 1－42），属于古典油画发展到现代油画的过渡阶段。

图 1－40 《阿尔诺芬尼夫妇像》（油画）扬·凡·艾克

《日出·印象》介绍：作为世界最名贵二十幅名画之一，《日出·印象》这幅油画作品是莫奈画作中最典型的一幅。画中描绘的是勒阿弗尔港一个多雾的早晨的日出景象。晨曦笼罩下由淡紫、微红、蓝灰和橙黄等色组成的色调中，一轮红日拖着海水中一缕橙黄色的波光，冉冉升起。海水、天空、景物在轻松的笔调中，交错渗透，浑然一体，多种色彩赋予了水面无限的光辉。近海中的那些小船，在薄雾中显得模糊不清；远处的建筑、港口、吊车、船舶、桅杆等也都在晨曦中若隐若现……这幅画真实地描绘了法国海港城市日出时的光与色给予画家的视觉印象。

图 1－41 《自由引导人民》（油画）
德拉克罗瓦

图 1－42 《日出·印象》（油画）
莫奈

油画是迄今为止所有的绘画中表现力最强、表现手法最丰富的艺术形式。油画颜料黏稠，品种繁多，色彩鲜艳、丰富、细腻，覆盖力和可塑性都很强，便于修改，具有凝重而变化丰富的色彩美感，表现力极强。油画颜料经过调和而创造出的以色彩为中心的丰富的视觉效果，是其他画种所无法比拟的。

油画是通过光影效果来表现艺术形象的，它能够充分表现出物体复杂的明暗现象和色彩现象，自如地在平面上表现出三维的立体空间效果，惟妙惟肖地再现世界上一切事物的真实面貌，如物体的立体感和逼真的质感、深远的空间感以及光照的效果等。油画的丰富表现力，能创造出与人们对现实世界的视觉感受一致的视觉效果，这也是其能够成为世界性画种的重要原因（图 1－43）。

油画能以各种形式和手段进行艺术表现，其技法也多种多样，可以是写实的、立体的塑造，也可以是抽象变形的、平面装饰的刻画；可以用薄画法，也可以用厚涂法、点彩法；有的手法细腻、不见笔触，有的手法粗犷、色彩斑驳。油画的风格流派之多、技法形式之丰富，也是其他画种所不能比拟的（图 1－44、图 1－45、图 1－46）。

（二）中国画

中国画简称国画，是我国的传统绘画，有着悠久的发展历史。中国画以自己独有的笔、墨、颜料、宣纸、绢等工具材料，注重以线造型的表现形式和审美特点，极为鲜明的民族特色，在世界美术领域中自成体系，成为东方绘画体系中的主要代表画种（图 1－47）。

图 1 - 43　《父亲》（油画）罗中立

图 1 - 44　《向日葵》（油画）凡·高

图 1 - 45　《大雪山》（油画）艾轩

图 1 - 46　《向日葵》（油画）克里姆特

图 1 - 47　《簪花仕女图》（中国画）周昉

《簪花仕女图》介绍：周昉的《簪花仕女图》中描绘了几位衣着艳丽的贵族妇女春夏之交赏花游园的情景，向人们展示了这几位仕女在幽静而空旷的庭园中，以白鹤、蝴蝶取乐的闲适生活，她们看上去悠闲自得，但是透过外表神情，人们可以发现她们的精神生活不无寂寞空虚之感。全图采取平铺列绘的方式，卷首与卷尾的仕女均作回首顾盼动物的姿态，将通卷的人物活动收拢归一。仕女们身着纱衣长裙，头梳花髻。当时，高髻时兴上簪大牡丹，下插茉莉花。在黑发的衬托下，仕女们显得雅洁、明丽。作品突出反映了中唐仕女的形象。

中国画是用毛笔在绢或宣纸上以水调墨或颜料作画，为此中国画有一套独特的绘画工具材料——笔、墨、纸、砚，我们习惯称之为“文房四宝”。

中国画的表现技法是以线造型和水墨渲染，无论是工笔画还是写意画，都强调以线为主的笔墨观，这与中国画特殊的工具材料——毛笔、墨和宣纸——有着密切的内在联系，以至于“笔”“墨”成为中国画的一个重要特点。清代画家恽南田说：“有笔有墨谓之画。”有无笔墨，也就成为人们评价中国画优劣的一个重要标志了。这里所谓的“笔”，是指勾、勒、皴、擦、点等运笔的不同技巧和方法，使中国画的线条表现出变化无穷的情趣（图 1－48）；这里的“墨”，并不是简单的黑色，中国画讲“墨分五彩”，就是指墨色通过水的调和作用形成“焦、浓、重、淡、清”五种不同深浅的墨色变化（图 1－49）。

图 1－48 《梅鹤图》（中国画）
虚谷

图 1－49 《千岩竞秀·万壑争流图》
（中国画）李可染

在设色上，中国画也有着独特的设色方法和用色规律。它不表现大自然的光色影响和变化，一般多强调物象的固有色，即“随类赋彩”。而且，中国画的色彩不是单独使用的，而是建立在墨色的基础上，以不同的墨色为基础，再赋以色彩（工笔画也是如此，先以墨色勾线，再以淡墨渲染出层次，然后再渲染颜色），从而建立了与西方绘画完全不同的色彩学（图 1－50）。在这个基础上，中国画的设色技法按照所用墨色与色彩的比重不同，分为重彩、泼彩、没骨、淡彩、墨彩等多种形式。从中国画发展的顺序来看，早期的中国画则是以设色形式为主，水墨形式的中国画是在盛唐以后才发展起来的。

图 1－50　《山高水长》（中国画）张大千

由于水墨与设色形式的密切关系，中国画通常分为工笔画和写意画两种不同的表现技法与风格样式。

工笔画：“工笔”是与“写意”相对应的概念，工笔画工整而细致，先勾勒线条，然后渲染墨和颜色，精细入微地刻画物象，是中国画最早形成和发展的绘画形式（图 1－51）。工笔画色彩绚丽、变化丰富，也是中国画中表现力最强的风格样式（图 1－52、图 1－53）。

图 1－51　《白头丛竹图》（工笔花鸟画）

图 1－52　《雏鹰》（工笔人物画）刘大为

图 1－53 《向阳》（工笔花鸟画）陈小珩

工笔画由于其设色方式的不同，大致可分为：白描（图 1－54）、工笔淡彩、工笔粉彩、工笔重彩和没骨（图 1－55）等几类。

图 1－54 《八十七仙图》（白描）吴道子

图 1－55 《牡丹》（没骨）恽寿平

写意画：写意画是最能代表中国画笔墨观的一种表现形式。所谓“写”，是指在作画过程中如同书法一般讲究用笔技法，重视线条在运动中的变化、功力以及水墨在宣纸上变化无穷效果的作用。所谓“意”，是指画中的意境，包含了画家的思想情感和构筑成的艺术境界（图 1－56 至图 1－58）。

《奔马图》介绍：《奔马图》作于 1941 年秋季第二次长沙会战期间。正在马来西亚槟榔屿办艺展募捐的徐悲鸿听闻国难当头，心急如焚。他连夜画出《奔马图》以抒发自己的忧急之情。在此幅画中，徐悲鸿运用奔放的墨色勾勒头、颈、胸、腿等大转折部位，并以干笔扫出鬃尾，使浓淡干湿的变化浑然天成。马腿的直线细劲有力，犹如钢刀，力透纸背，而腹部、臀部及鬃尾的弧线很有弹性，富于动感。整体上看，画面前大后小，透视感较强，前伸的双腿和马头有很强的冲击力，似乎要冲破画面。

图 1－56　《蟹虾图》（写意画）齐白石

图 1－57　《奔马图》（写意画）徐悲鸿

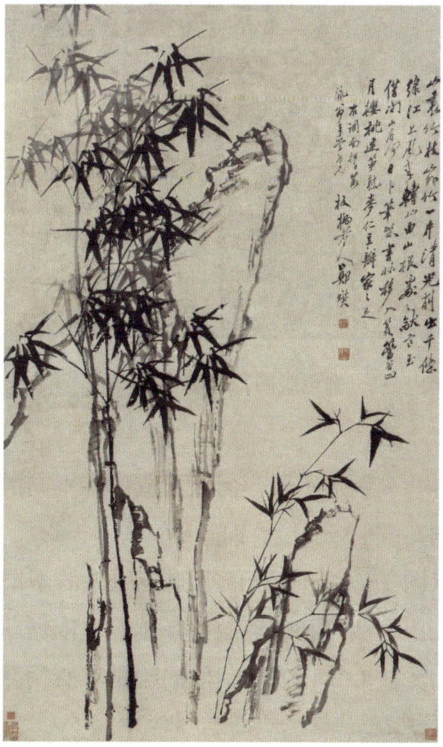

图 1－58　《墨竹图》（写意画）郑板桥

（三）版画

版画是一种特殊的画种，它不是直接画出来的，而是画家完成画稿以后，再在木板、石板、纸板、金属板、麻胶板、塑料板等不同物质材料上，运用刀、笔、钢针或其他工具，将画稿通过绘制、雕刻、腐蚀等方法进行制版，然后再经过拓印而完成的美术作品。

版画与其他画种最大的不同是：它可以通过印刷产生多幅同样的作品或通过变换版面上的颜色，以取得多幅不同色彩效果的作品而不影响其艺术价值，这也是版画独具的艺术特色。

版画创作的特殊过程，也促使它形成了自己独特的艺术趣味。造型的概括性、简明性，印制产生的印迹肌理美，以及画面产生的强烈、鲜明、单纯、明确的艺术效果，共同构成版画与其他绘画完全不同的艺术特征（图 1－59、图 1－60）。

图 1－59 《薄暮时分》（套色版画）郑震

图 1－60 《门神》（中国传统木版年画）

版画由于其使用的材料和刻制的手段不同而形成诸多不同的版种。依据制版材料的不同，可以分为木版画（木刻）（图 1－61）、铜版画（图 1－62）、石版画（图 1－63）、麻胶版画、纸版画、丝网版画（图 1－64）等；依据制版原理的不同，可分为凸版型版画、凹版型版画、平版型版画、孔版型版画和玻璃版型版画等；依据印刷用色的不同，可分为黑白版画（图 1－65）和套色版画（图 1－66）；依据印刷时所用颜料性质的区别，又可分为油印版画和水印版画（图 1－67）。

图 1-61　《飞翔》（木刻）彦涵

图 1-62　《集市小憩》（铜版画）魏谦

图 1-63　《农民起义》（石版画）珂勒惠支

图 1-64　《五颜六色》（丝网版画）宋恩厚

图 1-65　《山高水远》（黑白版画）徐匡

图 1-66　《初踏黄金路》（套色版画）李焕民

图 1-67　《藏族女孩》（水印版画）李焕民

纸版画：纸版画是用各种不同类型的纸作为版材来制作印刷的版画。纸版画具有独特的表现形式和审美情趣，制作起来简便省力，纸版材料既经济又容易取得，是一种最易于普及的版画形式，也是近年来中小学生最喜爱的版画创作品种（图 1－68）。

纸版画的制作方法丰富多样，可以用刀刻、剪贴、手撕、揉捏、折叠、镂孔等方式制作成凸版、凹版、孔版、综合版等，黑白、套色、油印、水印等均可以表现出丰富的效果，具有简洁明快、概括夸张、纸质肌理优美和自然情趣变化丰富的艺术特色。

纸版画的制版用纸可以根据需要进行选择，如卡纸、白板纸、图画纸、草板纸、布纹纸、牛皮纸、废旧报纸、废旧挂历、画报纸等均可作为纸版画的制作材料（图 1－69）。

图 1－68 《猫的一家》（儿童纸版画）

图 1－69 《泊》（纸版画）欧阳惠婷

（四）水彩画

水彩画是以透明的水彩颜料，用水作为媒介进行溶解调和，来表现自然光色彩丰富的效果和塑造事物形象的画种。水彩画强调水色的运用，透明、清新、流畅是它的典型艺术特征。在表现技法上，水彩画以水、色的掺和、晕接、渗透、重叠等手法，在专用的白色水彩纸上作画，利用画纸的白地和水分互相渗融的变化，使画面呈现出清秀、明快、轻松、湿润、丰润淋漓的效果，给人以色彩清丽、淡雅、舒畅、轻快的艺术美感（图 1－70）。

水彩画是依靠水的稀释来减弱色彩的明度，画面越亮的地方用水越多、用色越少，到画面最亮处便是空出的白纸颜色了。这是水彩画最鲜明的特点，也是水彩画最基本的常识。

水彩画是西方绘画的一个独特的画种。文艺复兴时期的德国著名画家阿尔卜列希特·丢勒画出了第一批接近现代水彩画的作品，如画于 1526 年的《一簇樱草》（图 1－71），是欧洲最早的成熟水彩画之一。

经过不断的发展，水彩画已形成了干画法、湿画法、粗笔、细笔等不同画法，其表现力和感染力也相当丰富。在表现风格上，水彩画既可以追求色彩丰富的变化、追求光影立体的效果、追求画面装饰的趣味，也可以追求水色的淋漓、追求形体塑造的精致。现代水彩画

图 1-70　《雪景》（水彩画）肖亚平

图 1-71　《一簇樱草》（水彩画）丢勒

家在多元取向的探索和实践中，为水彩画带来了新的生机和活力，把水彩画的表现功能发挥得淋漓尽致（图 1-72、图 1-73）。

图 1-72　《花卉》（水彩画）

图 1-73　《复耕》（水彩画）张辛题

（五）水粉画

水粉画也是用水作为载体，来溶解调和颜色的一种绘画艺术，但它是调和粉质的、不透明的水粉颜料来作画的。水粉颜料不透明、不易渗化、有较强的覆盖力和附着力，并且又很容易被水溶解，兼具油画颜料和水彩颜料的特性，因此，水粉画用水调色可干、可湿，可厚、可薄，厚画法可以画出类似油画那样色彩变化丰富、微妙、浑厚的作品，薄画法也可以画出近似水彩画的清新、柔润、水色淋漓的效果。水粉画实际上是一种介于油画和水彩画之间的画种。

由于水粉画同时具有油画和水彩画的优点，技法上又比较容易掌握，所以常常被初学者用作学习色彩、表现色彩的最有效的训练手段（图 1-74、图 1-75）。

图 1-74　水粉静物写生

图 1-75　水粉风景写生

水粉画因其丰富的艺术表现力（图 1-76）和很强的实用性而被广泛应用于连环画（图 1-77）、广告画、宣传画、农民画（图 1-78）、装饰设计、舞台布景等领域的绘制，以及用作连环画、插图等绘画创作的色彩表达形式。

（六）色粉画

色粉画，也称粉画。它无须借助油、水等媒介来调色，而是用特制的彩色粉笔在有颗粒的纸或布上，即直接在画面上调配色彩进行绘画，利用色粉笔的覆盖及笔触的交叉变化表现丰富的色调。

色粉画既有油画的厚重又有水彩画的灵动之感，因此具有独特的艺术魅力。在塑造和晕染方面有其独到之处，且色彩变化丰富、绚丽、典雅，最宜表现变幻细腻的物体，其色彩常给人以清新之感。色粉画作画便捷、绘画效果独特，深受西方画家们的推崇（图 1-79）。但色粉画画好后，必须用特制的油性定画液来固定。

图 1-76　水粉花卉写生

图 1-77　《枫》（水粉连环画）陈宜明、刘宇廉、李斌

图 1－78　农民画

图 1－79　《浴缸》（色粉画）德加

二、雕塑

1．雕塑的艺术特征

> 雕塑是一种空间性造型艺术，它以能表达事物生命姿态的材料塑成的立体形象来表现世界。
>
> ——莱辛

"雕刻以去掉多余材料为基础，塑造以添加材料为基础。"① 雕塑就是"雕"与"塑"两种制作方法的总称。具体来说，雕塑是用一定的固体物质材料，通过雕、塑、刻、磨、铸、锻、焊、堆积、编织等手段，在三维空间中创造出实体形象的美术种类，是一种重要的造型艺术形式。

雕塑与绘画、摄影、书法等艺术种类最大的区别就在于它是在三维空间里用物质材料创造出来的实体形象（图 1－80）。实体性是雕塑最根本的艺术特性。由于雕塑具有的这种特性，观赏者不但可以从不同角度运用视觉去感受、去欣赏，还可以以触摸的方式用触觉去感知，产生更多的艺术想象，进而产生独特的审美感受。而且雕塑作品存放在任何地方，都必然要和周围环境发生关系，人们观赏雕塑作品时往往会结合周围的环境来一并欣赏，这就使雕塑作品更富有生动、逼真的艺术魅力，这种雕塑和环境的密切结合，就成为雕塑的又一重要审美特性（图 1－81）。

《巴尔扎克像》介绍：这是罗丹的最后一座伟大的雕像。罗丹认为："《巴尔扎克像》是我一生的顶峰，是我全部生命奋斗的成果、我的美学理想的集中体现。"为了创作这件雕塑，罗丹到巴尔扎克的出生地进行了考察，经过近两年的时间，塑造出了二十多座巴尔扎克像，最后将巴尔扎克的形象确定下来：巴尔扎克穿着邋遢的睡衣式长袍，头发蓬散，好像雄狮一般。巴尔扎克套在长袖之中的双臂低垂着，没有手。罗丹曾精心塑造了巴尔扎克的手，但由于做的手太出色，有些喧宾夺主，他就毫不犹豫地将那一双手去掉了。罗丹

① 奥夫襄尼克夫．大学美学教程．北京：北京大学出版社，1989：251.

摒弃了古典主义的美学原则，没有去修复雕塑上那砍凿的“伤口”而就此将巴尔扎克的雕像定型。

图 1-80 《恺撒大帝》（雕塑）

图 1-81 《巴尔扎克像》（雕塑）罗丹

2. 雕塑的形式、种类和样式

根据物质材料的性质来划分，雕塑可以分为木雕（图 1-82）、石雕、牙雕（图 1-83）、玉雕、骨雕、泥塑、面塑、陶塑、铸铜雕塑（图 1-84）、铸钢雕塑、石膏雕塑、玻璃钢雕塑等类型。

图 1-82 《女人体》（木雕）摩尔

图 1-83 《云龙人物纹转心象牙球》（牙雕）

根据制作工艺来划分，雕塑可以分为雕和塑两种制作方式。雕，即雕刻，用坚韧锋利的雕刻刀、斧、凿、铲、锯等工具，在需要雕塑的物质材料上，根据实际需要进行切割、刻镂，雕刻成各种形状和形体的艺术作品形式，比如石雕、木雕等；塑，所用的物质材料较为松软，如泥土、蜡、面等，可以直接用手捏抹进行堆塑，常见的有泥塑、面塑等。

图 1-84 铸铜雕塑

根据表现形式和手法来划分，雕塑一般可分为圆雕、浮雕和透雕三种。圆雕是不附着在任何背景上，可供四面观赏、完全立体的一种雕刻形式。浮雕是附着在一个平面上，只有一面朝向观赏者，雕刻出凸起形象的一种雕刻形式，由于表面凸起的厚度不同，浮雕又分为高浮雕和浅浮雕两种（图 1－85）。透雕则是在浮雕基础上镂空背景部分，成为介于圆雕与浮雕之间的一种雕塑形式。

根据体裁来划分，雕塑又可以分为纪念性雕塑（图 1－86）、建筑性雕塑（图 1－87）、城市园林雕塑（图 1－88）、宗教雕塑、陵墓雕塑、陈列性雕塑和实用装饰性雕塑等种类。

图 1－85　《马赛曲》（巴黎凯旋门上的高浮雕）吕德

图 1－86　《宁死不屈》（纪念性雕塑）符切季奇

图 1－87　教堂外墙壁上的雕塑（建筑性雕塑）

图 1－88　城市园林雕塑

根据样式来划分，雕塑还可以分为头像雕塑、胸像雕塑、半身像雕塑、全身像雕塑（图 1－89）、群像雕塑（图 1－90）等种类。

由于雕塑不能像绘画那样运用色彩，在表现力方面存在一定的局限性，因此雕塑作品更加强调对现实生活的概括、集中、凝练和对形式美的追求。

图 1-89 《伏尔泰坐像》（全身像雕塑）乌东

图 1-90 《加莱义民》（群像雕塑）罗丹

三、摄影

1. 摄影是美术门类中独特的艺术形式

摄影是现代科技发展的产物，也是一门现代的造型艺术，它是运用照相机作为造型工具，根据摄影艺术家的创作构思拍摄人物或景物，塑造出视觉艺术形象来反映社会生活与自然景象，并表达艺术家主体审美情感的美术形式，是一门科学技术与艺术相结合的独特的美术门类（图 1-91）。

图 1-91 摄影艺术

艺术总是和技术有着密切的联系，摄影虽然是作为科技文明诞生的一门实用技术，但并不一定就具备了艺术的品格，照相机拍摄的并不必然是艺术品。摄影要成为艺术，就必须经由摄影艺术家的选择和艺术处理，将表现对象变成审美情操的载体，在真实记录视觉艺术形象的同时，传达艺术家的体验、理解、观念、情感。因此可以说，摄影艺术将技术性和艺术性结合起来，不是为了实用的目的，而是为了审美的需要，从而也形成了自己独特的审美特征和艺术表现手法。

2. 摄影独特的艺术特征

摄影艺术家在进行艺术创作时必须与被拍摄对象处在同样的时间和空间中，其作品是同步反映现实对象的结果，这与绘画、雕塑可以凭记忆进行创作的特点完全不同。由于时空的限定，摄影特别注重真实瞬间的营造，这使表现特定的时空内的特定内容成为其艺术感染力的重要构成部分，从而使摄影作品具有客观性、真实性。因此，摄影艺术独具的审美特征主要集中于纪实性与艺术性的统一（图 1－92）。

图 1－92　《硫磺岛》（历史照片）乔·罗森塔尔

为了使摄影作品达到纪实性和艺术性的完美统一，摄影艺术形象的创造还需要摄影艺术家熟练掌握摄影的艺术技巧和艺术语言，运用画面的构图、光线和影调三种独特的造型手段，尤其是注重运用光影的结合，来充分体现摄影艺术家的思想情感和艺术创造力，使摄影作品具有浓郁的情感色彩、丰富的表现力和感人的艺术魅力（图 1－93）。

图 1－93　《吉林雾凇》（风光摄影）

3. 摄影艺术的样式

按感光材料和画面颜色划分，可以分为黑白摄影和彩色摄影两大类。

按摄影器材和技术划分，可以分为航空摄影、水下摄影、全息摄影、红外线摄影等种类。

按题材划分，可以分为新闻摄影（图1－94）、肖像摄影（又称人物摄影）（图1－95）、生活摄影、体育摄影（图1－96）、风光摄影、建筑摄影（图1－97）、静物摄影、舞台摄影等种类。

图1－94 《“兴登堡”号飞艇失事》（新闻摄影）

图1－95 《愤怒的丘吉尔》（肖像摄影）
优素福·卡什

图1－96 《起跑》（体育摄影）

图1－97 鸟巢（建筑摄影）

在20世纪科技浪潮的推动下，摄影技术有了飞速的发展，在艺术上也取得了令人瞩目的成就。正是有了摄影艺术的基础，才产生了一个新的艺术形式——电影。

四、书法与篆刻

中国汉字起源于象形文字，是从模拟自然形态演变而来的。汉字最明显的特征就是以“形”表“意”的特殊结构形式，这也是形成书法与篆刻艺术的内在因素和客观基础。

> 余尝历观古之名书，无不点画振动，如见其挥运之时。
>
> ——姜夔

（一）书法

书法是建立在汉字基础上、以线条的组合变化来表现文字之美的艺术，是中华民族特有的一种传统艺术形式。它主要通过汉字的点画结构、行次章法、线条组合等进行造型，并以此来表现人的气质、品格和审美情操，从而达到美学的境界。书法不像绘画，它不表现具体的物象，只是线条在平面空间上的运动而形成的变化构成。因此它比其他艺术形式更倾向于运动，可以使观赏者在线条流动的变化中感受到线条活泼不定的节奏感和运动感，这也是书法所特有的艺术特征（图 1－98）。

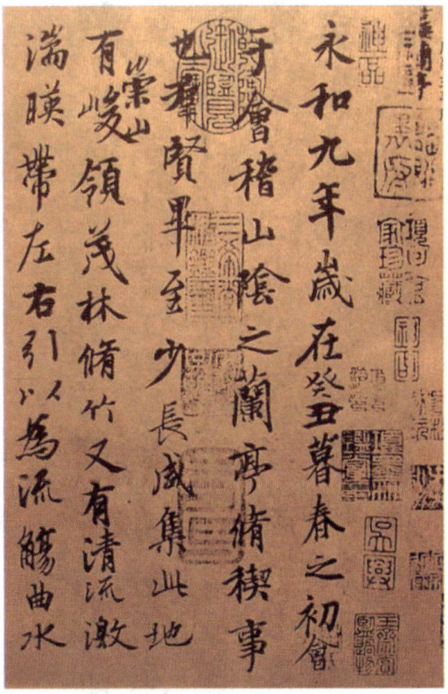

图 1－98　王羲之的书法艺术

书法艺术的基本技法和表现形式，主要是笔法、墨法、结构、章法、韵律、风格等几个方面。而中国毛笔这一特殊的书写工具，则是发展中国书法艺术的必要物质条件。

笔法

笔法是指控制毛笔运动所运用的方法。书法作为线的艺术，最终总是用笔来体现的。因此，在笔法、墨法、结构、章法等形式要素中，笔法是最根本的。

笔法主要包括执笔、用笔和运笔三个方面的因素。而在观赏者看来，笔法则转化为他们视觉中书法点画的轮廓形态、线条的变化、线条运行的速度和力度，以及线条的气势等。在这里，书法家的用笔、运笔则是影响这些笔法效果的最重要的因素。

用笔方式有多种，即运用毛笔的中锋、侧锋、藏锋、露锋等方式。

运笔，即毛笔的运行方式，如起止、提按、顿挫、转折、徐疾、轻重等多种方式。

由于书法是建立在汉字基础上的艺术，与汉字的发展紧密相连。因此，随着汉字的发展演变，书法艺术也逐渐形成篆书、隶书、楷书、行书、草书五大书体形式。

篆书有大篆、小篆之分。广义上的大篆是指甲骨文、金文、籀文；小篆又称“秦篆”，为秦一统天下后在全国推广的统一书体，小篆字体整齐，转角处多呈弧形（图 1－99、图 1－100）。

隶书由小篆简化演变而来，横笔首尾方中带圆，转角处呈方形，便于书写（图 1－101）。

楷书又称“正楷”或“正书”，特点是字形方正、笔画平直、整齐端庄（图 1－102）。

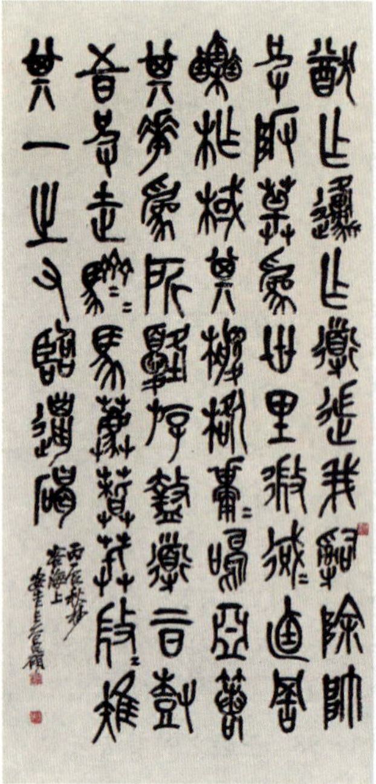

图 1－99　小篆　吴昌硕

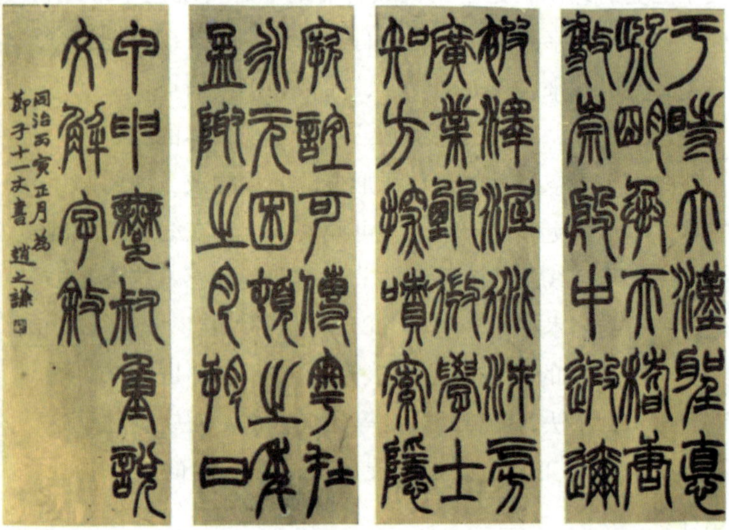

图 1－100　小篆　赵之谦

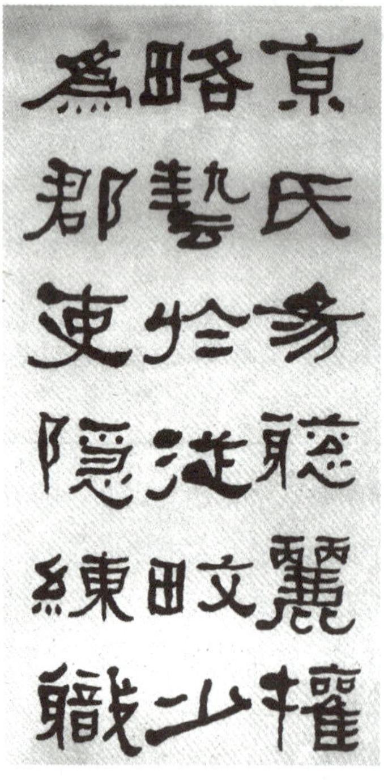

图 1－101　《临张迁碑》（隶书）何绍基

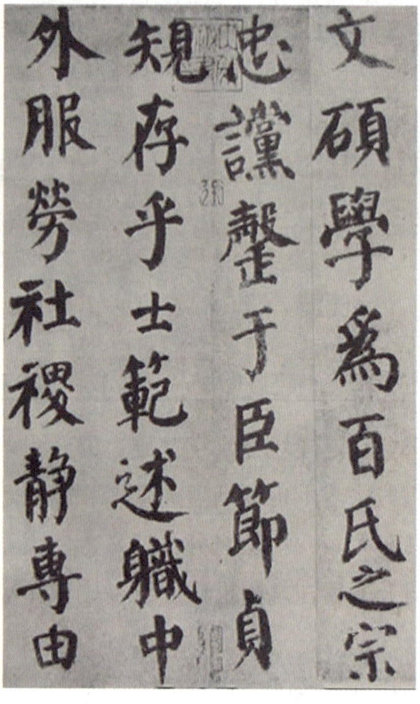

图 1－102　楷书　颜真卿

行书字形流畅飞动、刚柔相济，富有很强的表现力。行书中侧重于楷书的叫“行楷”，侧重于草书的叫“行草”（图 1－103、图 1－104）。

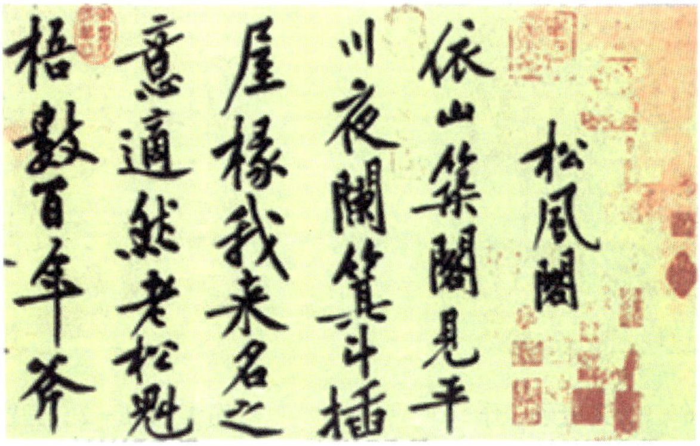

图 1－103　行楷　黄庭坚

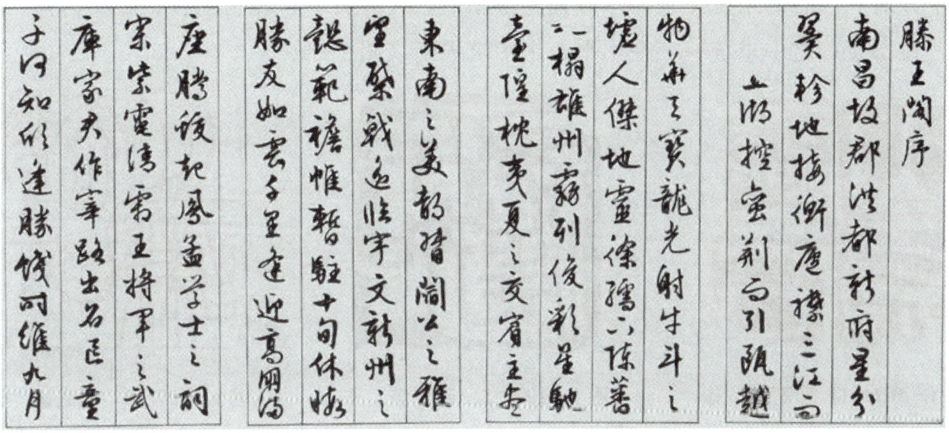

图 1－104　行草　文徵明

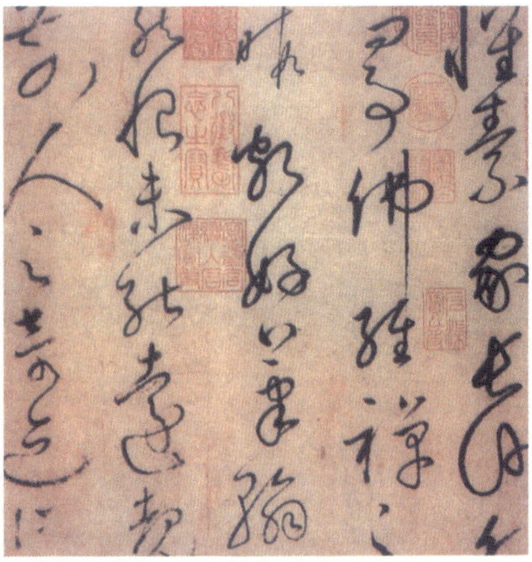

图 1－105　《自序帖》（草书）怀素

草书虽然出现在书法发展的较后阶段，但草书的运动感最强，是最具表现力的书体。通过感受草书，我们能切实领悟到书法的运动感、力度和情感表现力，进一步感受行书、楷书、隶书、篆书等书体中含蓄、隐蔽的运动感和艺术内涵。草书给我们提供了一种鉴赏书法艺术的能力基础（图 1－105）。

（二）篆刻

篆刻是镌刻印章的通称。顾名思义，是因为印面上大多采用篆体文字，又是先写后刻，所以称为篆刻。篆刻是以刀代笔，方寸之内既有文字的动态美又有刀趣的力度美的艺术形式，为中国特有的一种艺术品种（图 1－106）。

印章虽小，却是需要布局、书写、镌刻等步骤才能完成。

图 1-106-1　吴昌硕　作

图 1-106-2　吴昌硕　作

篆刻艺术是要在方寸大小的范围内设计出一个完美无缺的小天地，布局章法的结构就必须十分讲究。总的来说，它要求做到完整和谐、气势贯串、疏密配合、虚实衬托、参差错综，在不统一之中求统一，在不平衡之中求平衡（图 1-107）。

图 1-107-1　邓石如　作

图 1-107-2　赵之谦　作

图 1-107-3　赵之谦　作

篆刻笔画的粗细、方圆、增省和字的结构关系极有特色，而且篆书的结构变化较多，富于装饰趣味，并饶有古朴、浑厚、茂密、宛转等特点，用这种书体入印，可以产生图画般的效果，这点是其他书体所无法比拟的。

篆刻有白文和朱文之分。在印石上镌刻时将文字刻凹进去，称为白文（图 1-108）；而将文字周围刻去，使文字留出凸起的称为朱文（图 1-109）。钤印后，白文红色多，显得分量重；朱文红色少，显得分量轻。

图 1-108　白文　赵之谦

图 1-109　朱文　吴昌硕

篆刻多用于书画题识上，使诗、书、画、印融为一体，构成中国画独特的艺术特色。

五、工艺美术

1. 工艺美术的艺术特征

工艺美术是指美化生活用品和生活环境的造型艺术。它是物质生产与美的创造相结合、以实用为主要目的，并具有审美特性的造型艺术，一般指运用美术技巧制成的各种与实用相结合并有欣赏价值的工艺品（图 1－110、图 1－111）。

图 1－110　工艺品

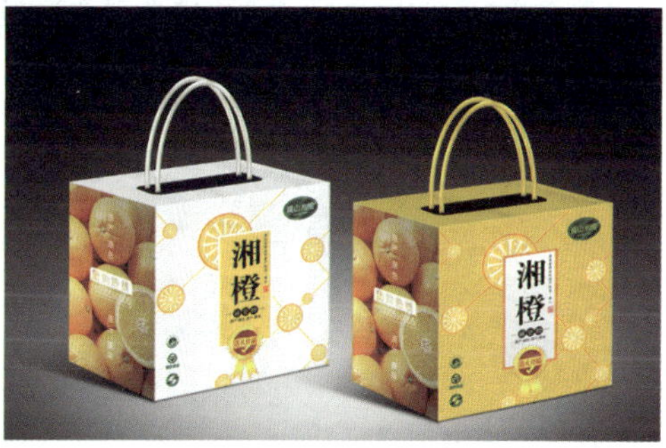

图 1－111　礼品包装

2. 工艺美术的分类

工艺美术一般可分为实用工艺美术和观赏工艺美术两大类。

实用工艺美术即日用工艺，是指经过装饰加工的生活实用品，如染织工艺（图 1－112）、绣织工艺（图 1－113）、陶瓷工艺、家具工艺（图 1－114）、服装工艺（图 1－115）等。综合性的环境艺术设计（图 1－116）以及电影和商业广告设计（图 1－117）等也属于实用工艺美术。实用工艺美术应用范围最广，与人们的日常生活密切相关，是工艺美术最重要的组成部分。

观赏工艺美术又称陈设工艺，即专供欣赏的陈设品，它又可分为民间工艺美术品和特种工艺美术品两类。民间工艺美术品有竹雕工艺（图 1－118）、泥塑（图 1－119）、木雕（图 1－120）、剪纸（图 1－121）、布艺（图 1－122）等，采用的原材料一般价格比较低廉，工艺较简单，价格也比较便宜。

特种工艺美术品包括牙雕、玉器（图 1－123）、漆器、景泰蓝器皿（图 1－124）、金银器（图 1－125）等，它们采用的原材料比较珍贵，工艺非常精细，价格也比较昂贵。

图 1-112　蓝印花布（染织工艺）

图 1-113　苏绣（绣织工艺）

图 1-114　红蓝椅（家具工艺）

图 1-115　服装工艺

图 1-116　环境艺术设计

图 1-117　商业广告设计

图 1－118　笔筒（竹雕工艺）

图 1－119　泥塑

图 1－120　木雕

图 1－121　剪纸

图 1－122　《山西布老虎》（布艺）

图 1　123　《大禹治水图玉山》（玉器）

图 1－124　景泰蓝器皿

图 1－125　金银器

3．工艺美术的审美特征

工艺美术是实用与审美完美结合的产物，适用、经济、美观是它的创作基本原则。工艺美术所讲求的美观，是服从实用这个前提的，审美性应当寓于实用性之中。因此，工艺美术特别注重其各种材质肌理的美感和实用功能完美结合。只有当工艺美术品的装饰处理从实用目的出发，与实用目的紧密结合时，它才能具备工艺美术所特有的艺术魅力。这一特色反映在实用工艺美术上尤为突出。

工艺美术所体现的审美艺术特征主要表现为造型美、色彩美、材质美、装饰美、工艺美等视觉因素的传达（图 1－126 至图 1－130）。

图 1－126　朝鲜蓟吊灯（造型美）

图 1－127　服装的色彩（色彩美）

图 1－128　花果累累（材质美）

图 1－129　礼品包装设计（装饰美）

工艺美术品的创作包括设计与制作两个过程，不仅要在纸上设计出构思新颖的图样，而且要用工艺材料制作成物质产品。因此，工艺美术的发展受到物质材料和生产技术的制约。也就是说，工艺美术一方面必定反映了一定的时代特征和社会的科学技术与物质生产水平，另一方面也会随着时代和科学技术的发展进步而发展变化。现在，现代工艺美术的范围和领域在不断地扩大，尤其是迅速发展起来的工业设计（或称工业艺术设计），其包含的视觉设计、产品设计、室内设计和环境设计等领域正在对人类的社会生活产生着越来越大的影响，在未来将发挥越来越重要的作用。

图 1－130　哥特式圣餐杯（工艺美）

六、建筑艺术

1. 建筑艺术的艺术特征

> 完整的建筑物是视觉艺术的最终目标。
>
> ——格罗皮乌斯

建筑，是建筑物和构筑物的通称，是人类用固体的物质材料修建或构筑的居住和活动的场所。

建筑艺术，则是指按照形式美的规律，运用建筑艺术独特的艺术语言，将建筑物的形体、结构、空间加以组合并对建筑的色彩、质地、装饰等方面进行审美处理所形成的一种实用艺术。建筑艺术具有文化价值和审美价值，具有象征性和形式美，并且能体现出民族性和时代感（图 1－131）。

图 1－131　国家大剧院

任何建筑都应当是物质功能与审美功能、实用性与审美性、技术性与艺术性的完美统一。早在两千年前，古罗马的建筑师维特鲁威就提出了衡量建筑优劣的三条基本标准：实用、坚固、美观。尽管世界上建筑的类型很多，它们不仅建造的时代不同、风格不一样、实际使用功能不同，而且其中的实用成分和艺术成分的比重也各不相同，但实用、坚固、美观一直是所有的建筑师遵循的三条基本原则（图 1－132）。

图 1－132　巴特农神庙

建筑艺术根据功能性质可以分为宫殿建筑（图 1－133）、园林建筑（图 1－134）、宗教建筑、民用建筑、娱乐建筑、工业建筑、公共建筑和纪念性建筑等。其中宗教建筑包括寺庙、佛塔、教堂（图 1－135）等，民用建筑包括住宅（图 1－136）、商店等，娱乐建筑包括电影院、音乐厅、剧场（图 1－137）等，工业建筑包括工厂、仓库、车间等，公共建筑包括图书馆（图 1－138）、会议厅、体育馆等，纪念性建筑包括纪念堂、纪念碑（图 1－139）、陵墓（图 1－140）等。

图 1－133　故宫（宫殿建筑）

图 1－134　颐和园（园林建筑）

图 1－135　梵蒂冈圣彼得大教堂（宗教建筑）

图 1－136　现代民居（民用建筑）

图 1－137　悉尼歌剧院（娱乐建筑）

图 1-138　白俄罗斯国家图书馆（公共建筑）

图 1-139　法国巴黎凯旋门（纪念性建筑）

图 1-140　印度泰姬陵（纪念性建筑）

2. 建筑艺术的形式美

作为造型艺术的一个门类，建筑艺术也有自己独特的艺术语言和丰富的表现手段，空间、形体、比例、均衡、节奏、色彩、装饰等造型因素共同构成了建筑艺术的造型形式美（图 1-141 至图 1-148）。

图 1-141　德国科隆大教堂内部（空间）

图 1-142　威尼斯圣马可大教堂（形体）

图 1 - 143　山西王家大院（比例）

图 1 - 144　北京天坛（均衡）

图 1 - 145　意大利米兰大教堂的屋顶（节奏）

图 1 - 146　北京故宫的屋顶（色彩）

图 1 - 147　意大利罗马军事博物馆前无名英雄纪念碑（装饰）

图 1 - 148　法国巴黎歌剧院金碧辉煌的休息大厅（装饰）

在所有建筑物中，最能体现建筑艺术形式美的是倾注较多财力设计的宫殿、园林、寺庙、教堂、帝王陵墓、纪念碑和公共活动场所等建筑。但随着现代经济的不断发展，民用建筑的审美价值也越来越高了。

园林艺术也是建筑艺术的重要组成部分，它是以真实的自然物为材料，综合了自然因素与人文因素的审美景观，通过种植花草树木、开拓路径和建造建筑物等一系列艺术的人工改造地形地貌的活动，在一定的地域内，将山水、花木、建筑等组织成为具有空间性的立体环境，以满足人们休憩、娱乐、游览、欣赏需求的一种艺术。

世界上的园林艺术大致可分为三大基本类型：以中国园林为代表的东方园林（图 1－149）、以法国园林为代表的西方园林（图 1－150）、以古巴比伦园林和波斯园林为原型的阿拉伯园林（图 1－151）。

图 1－149　东方园林（苏州园林）

图 1－150　西方园林（凡尔赛宫后花园）

图 1－151　阿拉伯园林

第三节　美术的功能

美术是人类感性和理性的结合体，是抒发情感的创造行为。美术家的丰富情感和审美意识借助于不同的美术语言、手法等媒介，通过美术作品传导给观赏者，使观赏者也产生审美的心理活动和感受，从而影响观赏者的精神面貌和思想感情，对人的社会生活产生多方面的影响和作用。于是，美术确立了其对人类社会的认识功能、审美功能、教育功能三大社会功能。

> 美术可以辅翼道德。美术之目的，虽与道德不尽符，然其力足以渊邃人之性情，崇高人之好尚，亦可辅道德以为治。
>
> ——鲁迅

一、美术的认识功能

美术是通过塑造视觉形象来反映社会现实生活和表现艺术家思想情感的艺术形式，艺术家在通过美术作品关注和表现客观世界的同时，还为观赏者提供了认识事物的窗口和对象，人们可以通过美术作品的表现内容，去了解自然、认识社会、把握历史、扩展视野、获取信息、增长知识，并获得智慧启迪。这就是美术的认识功能（图 1 - 152）。

图 1 - 152 《梅杜萨之筏》（油画）席里柯

二、美术的审美功能

在美术的三大功能中，审美功能是美术最主要和最基本的功能，正是审美功能的存在，才使得美术具有自己独立存在的价值和意义，才使得美术具有同其他文化形态迥然不同的独特的社会功能。

> 美是造型艺术的最高法律。
>
> ——莱辛

美术的审美功能，就是指通过对美术作品的欣赏得到精神享受，满足审美需求（图 1 - 153、图 1 - 154）。

图 1 - 153 《金色的秋天》（油画）列维坦

图 1 - 154 《维纳斯》（雕塑）

美术反映的是现实中美的事物或事物的美，这种美必须是形象的具体表现。美就是形象的真理，美就应该是美术作品的灵魂，而美感在本质上就是美的感受与美的感动的统一、感官的愉悦与理性满足的统一。这就需要艺术家在美术作品中，在表现和反映现实生活和精神生活的同时，充分展现自己的情感世界、审美意识和审美理想，使观赏者能通过美术欣赏来唤起审美情绪，产生审美感受和体验，从而获得美的享受，满足自己的审美需要（图 1－155）。

图 1－155 《吻》（雕塑）罗丹

美术也正是因为具有这样的审美功能，才得以实现其艺术价值。

三、美术的教育功能

美术的教育功能是指在美术欣赏活动中，通过艺术形象的感染力和激发效能，启发观赏者的感知意识和情感活动，使其在真、善、美的熏陶和感染下，在思想上得到启迪，在实践上找到榜样，在认识上得到提高，促使观赏者的思想、感情、理想、追求等方面发生深刻的变化，引导他们正确地理解和认识生活，从伦理意义上提高人生观和世界观的层次，从而达到思想、品德和情操等方面教育的目的。

美术的教育功能不同于道德教育和其他类型的教育形式。美术发挥教育功能，不能通过干巴巴的理论说教，也不能通过板着面孔的训诫，而应以“寓教于乐”“以情感人”“潜移默化”的方式进行。如俄国画家列宾的油画作品《伏尔加河上的纤夫》，描绘了一群衣着破烂的纤夫在烈日下拉纤的场面，再现了当时俄国人民的苦难生活（图 1－156）；现代绘画大师西班牙的毕加索，以变形的《格尔尼卡》（图 1－157）揭发了德国法西斯的暴行，表现了画家对人民遭受战争灾难的控诉。这种教育是在艺术情感的感染中、在宽松自由的氛围中，使观赏者经历一个由不自觉到自觉接受教育的过程。这种教育形式的长处是其他类型的教育形式所无法比拟的（图 1－158）。

图 1－156　《伏尔加河上的纤夫》（油画）列宾

图 1－157　《格尔尼卡》（壁画）毕加索

图 1－158　《歌乐山烈士群雕》（雕塑）江碧波

第四节　美术造型语言的基本要素

> 如果一门艺术没有自己的语言，它就会变成其他的艺术和成为其他艺术的助手，或者至少是把其他艺术和科学的帮助变成不可缺少的，以至完全丧失了那种艺术的原始价值。
>
> ——莱辛

语言是人类用来表达意念、抒发情感、交流信息的手段，是人类生活中最重要的交际工具。狭义上的语言，是指口头语言和文字语言；广义上的语言，则包括了能表达意念、思想情感和传播信息的各种手段与形式，艺术语言就是人类在艺术交流中创造的一种特殊的语言模式。

不同门类的艺术具有不同的艺术语言，美术也是如此。

美术的造型语言是艺术家用造型艺术的方式表达思想感情的手段和形式，它通过美术造型的基本构成要素——“词语”，即点、线、面、体、明暗、色彩、空间、质材等多种视觉形式要素，及其在美术作品中通过某种形式有机地组合起来产生的视觉效果，成为艺术家表达思想、情感、观念和进行审美交流的工具。孤立地看，美术的基本构成要素本身并不代表任何意义，当它们被艺术家运用在特定的情景中，互相构成一定的结构关系，并表达一定的审美内涵后，便形成了一种具体的、特殊的语言模式，并具备表现某种意义的作用，从而构成了美术作品的全部内容。

一、点

> 点本质上是最简洁的形。
>
> ——康定斯基

美术中的点是形象或空间中最小的单位，是美术造型中最小的形式语言，但它具备美术造型所有构成要素的所有特征，有各种形状、有不同的大小、有规则与不规则的差异等。点的形态常给人一种弱小、精致、灵动、活泼和距离远的心理感觉（图 1－159）。

点虽然不能单独构成形象，但它有分布、聚集的特性，能够留住人们的视线，引起注意。许多点聚集在一起又能给人以面的感觉，同时点的疏密还能使人产生聚散的感觉。另外，点的不同排列顺序和疏密关系使人产生不同的节奏感：排列有序的点，让人感受到运动节奏的旋律；不规则排列的点，又给人自由活泼的感觉。

图 1－159　《女诗人》（抽象画）米罗

法国画家修拉以点彩法作画，整幅画的画面都是由细小的笔触组合完成，这些密集的小色点紧密地拼置在画面上，产生了一种强烈、闪烁、振荡、灿烂的色彩效果（图 1-160）。中国山水画画家常用点来表现具体形象，如点石苔、点树叶，并且以点为皴来表现山石的结构和层次。宋代的范宽就是运用点（雨点皴）来表现山水画中面的起伏层次变化的典范（图 1-161）。

图 1-160 《大碗岛星期日的下午》（油画）修拉

图 1-161 《溪山行旅图》（中国画）范宽

二、线

美术中的线是美术造型中重要的形式语言，具有长度、位置、宽度和形状的不同变化。在立体造型中，线出现在形的边缘或用于表现细长的形体；平面造型里的线，则是各种不同工具画出来的痕迹（图 1-162）。

> 线条能产生一种视觉上的联系，并且是视觉艺术中各因素之间最为重要的沟通方式。
>
> ——德卢西奥-迈耶

线是美术中表现力极为丰富的形式语言，视觉形象的轮廓、体积、空间、动势、旋律等，都可以通过线来表现。线的迂回、穿插、交叠，可以暗示形成各种空间、面积和体块，其千变万化、内涵丰富。

线本身的结构特征也具有抒情作用，线的不同特征和不同组织关系，能够使人感受到不同的审美情趣。比如：简练的线条给人清晰明快的印象，繁杂的线条则给人混乱模糊的感觉；淡而柔和的线条让人感觉到轻松愉快、舒展飘逸，浓而刚劲的线条则让人感觉到结实强悍、朴素浑厚；残缺而不规则的线条给人以古朴久远、虚弱凄惨的联想，圆润而有条理的线条则给人以生机勃勃、健康强壮的印象（图 1-163）；等等。

图 1-162 《屈膝坐着的女人》（线条人物写生）席勒

图 1-163 《春风桃柳》（水墨画）吴冠中

中国画的线是最为独特的线条艺术，其线条更是千变万化、若无穷尽。中国画家十分重视线的表现力，将中国画毛笔的特殊功能，倾注于线的刚、柔、健、劲、涩、枯、干、润、湿、拙、滑等表现形式之中，形成线条疾徐轻重、偏正曲直、抑扬顿挫的不同效果，不仅丰富了造型的手法，而且扩展了线条表意的广度，做到既“状物”，又“达意”。中国画线条艺术的无限魅力，还使观赏者从线条的表现中体悟到画家的情绪、思想、情感、功力和修养（图 1-164）。

图 1-164 《紫藤》（中国画）于希宁

三、面

在美术造型语言的构成要素中，面是由线确定的占据平面的二维空间，并具有形状、色彩、肌理等视觉形态。

面具有比点和线更能确定美术作品里“形”的作用，比如中国画常用大块的面来表现形体。显然，面在美术的构成要素中具有更重要的意义（图 1-165、图 1-166）。

不同形状的面，往往具有不同的性格特点、不同的知觉感受和不同的心理影响力，所以我们可以改变不同面的轮廓特征，来创造对人的心理产生不同影响的美术作品（图 1-167）。

图 1－165　《泼墨仙人图》（中国画）梁楷

图 1－166　《与西风共憔悴》（中国画）戴武光

图 1－167　巴黎埃菲尔铁塔

四、体

在美术造型语言的构成要素中，体是占有三维空间的立体形象，即具有长度、高度、厚度的实际立体物质，具有形状、体量感、材质感和肌理感等，这在雕塑和建筑的表现中体现得尤为突出（图 1－168）。

体必有形，故美术中常用形体称之。形体可以分为基本几何形体和由基本几何形体构成的复合形体两类，它们带给人的视觉感受和心理影响力也是完全不同的：形体越单纯，造型语言的含义就越明确；形体越繁杂，造型语言的含义就越含混（图 1－169）。

图 1－168　群像雕塑

图 1－169　苏军战士纪念碑

五、明暗

明暗是一种自然界的物理现象，是物体由于光的照射所呈现的光影变化，也是光影在美术中的代名词。

物体的各个面因受光角度的不同而产生的明暗变化使我们感觉到空间感。明暗，就成了绘画在平面上表现体积感、空间感的重要造型语言。

明暗作为造型语言，在中西方绘画中的运用是完全不同的。运用明暗作为造型语言，是西方绘画的主要表现形式，西方绘画注重运用这一绘画语言，在作品中重视处理受光与背光的明暗对比和由此产生的虚实关系，以表现画家的创作意图和作品的艺术效果（图 1－170）。

中国画则比较排斥光的直接影响，不将明暗作为造型语言，往往是采用漫射光即平光的形式，通过表现对象的不同固有色和不同质感进行黑、白、灰的对比处理，同样也能获得画面不同深浅的层次对比（图 1－171）。

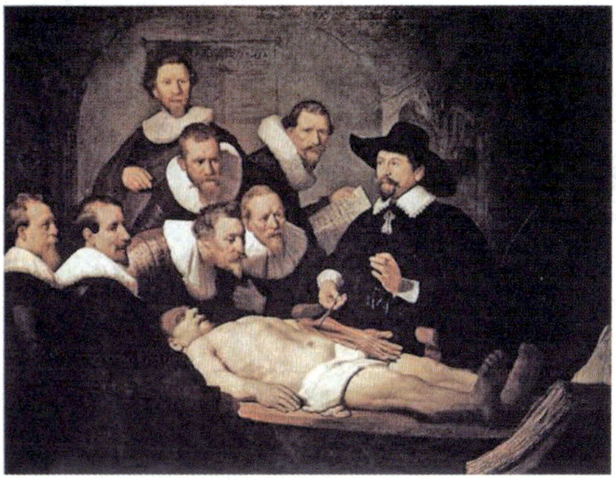

图 1－170 《蒂尔普医生的解剖课》（油画）伦勃朗

图 1－171 《韩熙载夜宴图》（中国画）顾闳中

六、色彩

色彩是美术造型语言中最基本最重要的元素之一，是诸多形式美中对视觉神经反应最快、最敏捷的一种表现形式，其产生的美感魅力远比其他美术造型语言更为诱人，所以被称为美术中最具感染力的语言，在美术作品中发挥着难以估量的作用，它的功能是其他美术造型语言不可代替的。

> 色彩的感觉是一般美感中最大众化的形式。
> ——马克思

美术作品中的色彩不仅能引起人们的大小、轻重、冷暖、膨胀、收缩、远近等心理感受，而且还能唤起人们各种不同的情感联想，引起视觉的兴奋与心情的转化（图 1－172）。

随着人们对色彩的情感日益社会化、功利化，色彩也被赋予了越来越多的象征意义，色彩的情感的联想内容也从具体的事物演变为抽象的情绪和意境。这种色彩具有的象征意义能够帮助人们传递相应的情感和含义，人们可以用色彩作为美术造型语言来表达情感和思想、美化环境、提升审美情趣和升华精神。于是，色彩便成为美术中最富有表情和象征意义的艺术语言（图 1－173）。

美术作品中运用色彩语言的方法主要有再现性色彩和表现性色彩两种不同类型。

（1）再现性色彩，即写实的色彩，再现人们视觉感受到的客观世界的色彩。再现性色彩又由于其追求再现的色彩的不同，而分为再现固有色的写实色彩和再现条件色的写实色彩两类。

图 1-172 《手持茶罐的村姑》（油画）阿尔希波夫

图 1-173 《风景》（油画）季米特里

再现固有色的写实色彩，是指强调再现客观对象的固有色，排除周围复杂的环境色光对物体固有颜色的影响，物体的层次感完全依靠颜色的深浅来表现。如早期西方的绘画《椅中圣母》（图 1-174）。

再现条件色的写实色彩，是强调再现客观对象在特定的光色和环境色下呈现的真实色彩效果，再现的条件色就是指光源色和环境色（图 1-175）。

图 1-174 《椅中圣母》（油画）拉斐尔

图 1-175 《伦敦国会大厦》（油画）莫奈

（2）表现性色彩，是美术家从作品的表现意图出发，主观上进行画面色彩的处理，以表现自己的思想情感和审美理想。表现性色彩又分为装饰性色彩和情绪性色彩两种表现形式。

装饰性色彩既不是表现固有色，也不是再现条件色，而是明显地倾向于主观处理的装饰色彩（图 1-176），这种色彩处理方式在工艺美术作品中被广泛使用。

情绪性色彩则是利用色彩给予人的情绪感染，在画面上形成一种突出的色调表情（图 1-177）。

图 1-176　《少女》（油画）克里姆特

图 1-177　《星月夜》（油画）凡·高

中国画的色彩语言是一种特殊的表述方式，具有三个特点："随类赋彩"，再现固有色；追求用色的平面效果，表现装饰性色彩；以墨为主、以色为辅，讲究意象性。它的色彩追求概括、单纯、高雅、清新和装饰趣味，往往是夸张的、概念的和有意味的（图1-178）。

图 1-178　《千里江山图》（中国画）王希孟

七、空间

空间就是物体与物体之间的距离、方向和大小关系。现实世界中的空间是没有形状的，它完全是人们科学思维的抽象意识。被称为空间艺术的美术，其空间是以人的视觉感受习惯来界定的。

建筑、雕塑、环境艺术以及工艺美术中的器具造型，都是利用实际的物质材料制作出具有实在体积与空间的艺术形象，即三维空间造型。它们运用体积创造体积，运用三维创造三维，大多是以空间排列来体现不同的造型美感，是一种可以触摸感觉的空间艺术（图1－179、图1－180）。

图1－179 梵蒂冈圣彼得大教堂（建筑）

图1－180 《胜利女神》（雕塑）

绘画则属于二维空间造型，就是在平面上塑造艺术形象。绘画为了能在一个平面上表现出物象的三维立体空间关系，便充分运用透视的近大远小关系、物体前后重叠遮挡的纵深关系、明暗层次的虚实关系和物体色彩、形体清晰度的梯次纵深感变化等来创造虚拟的三维空间效果，使所表现的形体在平面中体现出具有高度、宽度和纵深度的立体空间特征（图1－181、图1－182）。

图1－181 《春潮》（油画）列维坦

图1－182 《夜巡》（油画）伦勃朗

八、质材

质材，这里指创作美术作品的物质材料。美术作为视觉艺术，需要用不同性质的物质材料来创作美术作品，将美术家的创作意图传达给观赏者，这样艺术表现才算完成。如果没有物质材料这一沟通主观认识和客观表现的媒介，美术只是一种空洞的意象，而不会成为具有感染力的形象化的艺术形式。

质材的范围很广，矿物、植物、动物、石块、黏土、金属、水、油及人工合成的纸、布等都是美术造型的物质材料。不同的材料具有各自不同的特性，它们都不同程度地直接影响美术作品的外貌特征（图 1－183），雅典娜的神殿巴特农假如不是由大理石筑成将是平淡无力的东西①。

质材由于其自身客观具有的形状、色泽、质感、量感、肌理及其他性质、功能等自然属性而呈现出一种自然美，是完全自然天成的。质材美与人的情感和审美理想相和谐时，便成为人的审美对象，如汉白玉石的光润洁白，给人清新高雅、晶莹剔透的美感等（图 1－184）。

图 1－183　《伊瑞克提翁神庙》（雕塑）

图 1－184　玉器

质材给人带来的美感主要是材料的质地和肌理给予人的感觉。不同的质材给人的感觉是大不一样的。用不同的质材作为造型语言，就可以产生不同的审美风格。由于质材自身的表现力，它已不仅仅是塑造艺术形象的手段了，其本身也构成美术作品中审美特性的有机组成部分，质材美在美术作品中已是一个不可缺少的形式美因素，应给予足够的重视。

在雕塑《总统山》中，雕塑家加特森·鲍格勒姆利用美国南达科他州拉什莫尔山峰，雕刻了华盛顿、杰斐逊、罗斯福、林肯四位历史上对美国人民有过杰出贡献的总统形象，使塑像变得像山峰一样高大雄伟、像岩石一样坚实永恒。质材美在这里发挥了重大作用

① 桑塔耶纳. 美感. 北京：中国社会科学出版社，1982：52.

(图 1-185)。

图 1-185 《总统山》(雕塑) 加特森·鲍格勒姆

本章小结

人类艺术实践的活动领域是非常广阔的，美术作为艺术世界的一个门类，它的分类丰富多彩、形态各异，它们的性质又具有一定的共通性和相似性，都有审美、实用、教育、认识和传播交流等重要社会功能。虽然不同种类的美术的功能各有侧重，但都是通过自身具有的审美特性来展示和发挥社会功能的，美感成为认识美术的重要切入点。了解美术的不同种类及其特性和不同功能、掌握相应的美术基础知识、领会美术独特的表现语言、具有一定的审美能力，是 21 世纪小学教师应该具备的文化素质和美术修养。

本章从美术的审美基本特性入手，系统地介绍了美术的不同种类和不同艺术特质，分析了美术所具有的三大社会功能，最后着重阐述了美术独特的造型语言，以促进学生对美术的认识和了解。

思考与练习

1. 你认为美术最重要的社会功能是什么？为什么？
2. 如何分辨油画与中国画不同的艺术形式和艺术特质？
3. 为什么说色彩是美术造型语言中最具感染力的艺术语言？

参考文献和阅读书目

1. 彭吉象. 艺术学概论. 北京：北京大学出版社，2006
2. 王强，李维世，宋焕起. 造型艺术鉴赏. 北京：首都师范大学出版社，1999
3. 康定斯基. 艺术中的精神. 北京：中国人民大学出版社，2003
4. 蒋勋. 艺术概论. 北京：三联书店，2000
5. 栾布，等. 美术鉴赏. 武汉：武汉大学出版社，2002
6. 郭茂来. 视觉艺术概论. 北京：人民美术出版社，2000

第二章

绘画的造型语言

素描是绘画、雕刻、建筑的最高点；素描是所有绘画种类的源泉和灵魂，是一切科学的根本。

——米开朗琪罗

绘画的表现力，要求丰富的素描知识，因为缺乏素描知识，不可能获得优秀的成绩。实际上表现力不可能在最大的准确性之外表现出来，只有在素描上具有特殊的才华，才能达到这种极大的准确性。

——安格尔

Mei Shu Ji Chu
本章导引

素描教学是造型艺术领域中的基础学科，它能够培养学生正确的审美观，提高他们的艺术修养和鉴赏水平，还能使学生掌握正确的观察方法和表现方法，提高造型能力和综合创造能力。因此，素描成为绘画造型语言中最基本的表现形式和语言，成为学生掌握绘画造型语言最基本的学习手段。

本章要点提示

1. 了解造型的基本要素，掌握素描造型的基本因素。

2. 学习了解线条与造型的相互关系。
3. 了解光对明暗形成的作用，以及明暗造型的特点和方法。
4. 学习速写的表现方法，了解速写是提高造型能力的良好途径。

第一节　造型的基本要素

一、素描的概念

（一）什么是素描

凡是用单一色彩画成的画都可称为素描，如用木炭、铅笔、炭笔等工具作的各种单色画，以及中国画的白描等。

素描是外来语。我们现在所说的素描，来自法文“dessin”和“dessein”，是设计的意思，译者根据绘画的特征和中华民族的文化传统及汉语的词义而将其译为“素描”，此后“素描”成为绘画中的特定名词。15 世纪文艺复兴时期，“素描基础论”的概念在欧洲出现（图 2－1）。

图 2－1　素描作品　达·芬奇

狭义地讲，素描是用单色工具造型并具有第一手制作价值的黑白画原作，借助于单色线条的组合来表现物象的造型艺术。

广义地讲，素描主要借助于单色的线条或明暗来表现物象，是对客观事物的形态、结构和特征作朴素表现的绘画形式。同时，它对客观事物造型除色彩以外的物象形体比例、解剖结构、透视空间、明暗调子、质感、量感、姿态运动、神情气质等造型因素和艺术表现法作全面的研究，从而成为培养造型基本功的主要手段。所以我们称素描是一切造型艺术的基础语言，是造型艺术领域中的基础科学。

素描同时又是为其他艺术造型服务的手段，如各种绘画创作的草图、正稿和粉本，建筑、雕塑、实用美术的设计稿，以及国画、油画、版画等的素描底稿等（图 2－2、图 2－3）。

学习素描，可以帮助人们提高全面观察客观事物的能力，逐步增强视觉的敏感性，以敏锐的观察力对形式、情态、节奏等进行深刻感受，从而学会正确的观察方法。在理论的指导下，通过素描的训练，能进一步提高认识能力，对客观物象的形体结构、运动规律、透视原理等基本要素进行深入研究和全面掌握，最终提高造型的表现能力（图 2－4、图 2－5）。

图 2-2 《陌生人》（素描稿）艾轩

图 2-3 《陌生人》（油画）艾轩

图 2-4 素描石膏写生

图 2-5 素描作品 列宾

（二）本科初等教育专业中素描教学的定位

作为小学教师综合素质教育中的美术基础课，素描则包含更多的审美教育价值，这种侧重点的不同便促成了本科初等教育专业中素描教学的特色。

本科初等教育专业美术基础课的素描教学，除了是一种美术技能的学习、一种智力教育、一种创造力的培养，更是审美教育、素质教育的一个重要内容。

首先，素描教学是对眼、脑、手三位一体的协作与配合的训练。眼的训练主要是培养视觉接收信息的能力，是吸收、采纳客观事物的过程；脑的训练主要是培养创意思维能力，是思考、分析、判断、构思的过程；手的训练主要是培养绘画技能的掌握能力，是操作、表现、实践的过程。

因此，培养和训练学生的视知觉能力，提高学生全面观察客观事物的能力，使学生逐步养成视觉的敏感性，成为本科初等教育专业美术基础教育中素描教学的首要任务。

视知觉能力是人类智力发展的一个重要因素。以视觉为基础的美术教育，成为人们认识自然和传播美感的最有效的训练手段。视知觉能力的培养，必须从观察方法上入手。美国美术教育家艾斯纳认为，“培养学生的观察和感知能力，首先要弄清观察的意义，什么都看到意味着什么都没看到。美术上的观察要求有组织和选择，因此只有通过美术教育，才能培养真正的观察能力”。素描教学中运用的观察方法很多，有整体的观察、比较的观察和细致的观察等，利用这些观察方法对视知觉能力进行训练，可以提高视知觉对形体美的感受力，增强利用视知觉进行信息交流与获取知识的能力，素描从而成为智力发展的一个重要因素。

其次，培养和训练学生基本的造型能力，为其今后的发展空间提供具备创造力的基本技能。

初等教育专业本科生必须掌握最起码的再现客观物象的造型能力。这种必备的美术技能，可以为其今后各方面的发展提供具备创造力的基本技能。素描教学的基本任务就是使学生直接对物象的形体、空间、质材、光影、节奏、均衡、对比、调和等方面的特征及形式美的规律产生视觉感受，并学会用素描的方法将自己对客观事物的感受和认识表现出来。通过这种技能练习，能够大大提高学生的眼、脑、手的配合能力，使其掌握再现客观事物的造型能力。素描教学通过技能练习，除了能使学生获得基本的美术能力、掌握一定的造型能力，更重要的是能培养他们的创造性思维和能力，为其今后发展提供广阔的发展空间（见图2－6）。

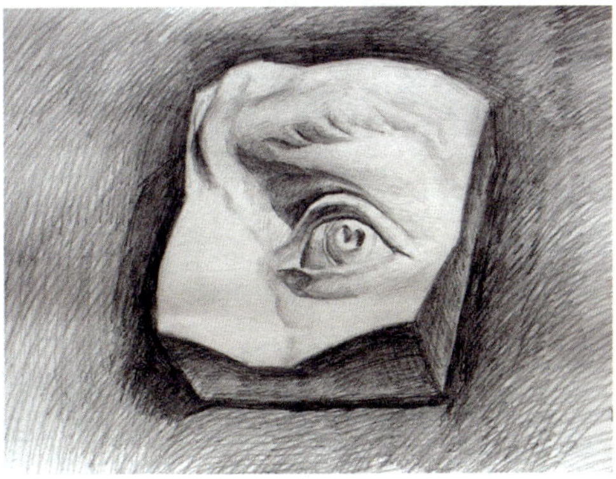

图 2－6　学生素描作业

最后，利用素描教学手段，还可以发挥美术教育的情感作用，提高学生审美能力和增强学生自信心，促进综合能力的发展和提高。审美教育是从通过训练人的感觉器官开始的。为此，素描教学的第一步就是使学生把握物象形体上美的感觉，让学生以一种审美的眼光来看待事物。随着素描教学中美术知识的增长和技能的提高，学生通过了解形式美的特征和规律，可以逐步获得对形体、空间、光影、节奏、韵律、均衡、对比、调和、多样统一等的一系列审美感受，从而提高自己的艺术品位和鉴赏美的能力。

二、素描的类型

素描的表现方法归纳起来可分为三种不同类型。

（一）用线条的表现方法——结构素描

线条是素描的一种重要的造型手段，结构素描就是注重用线条表现物象的一种素描表现方法，它排除自然光线对物象的直接影响，以线条为造型的主要手段，借助于块面，着重表现物像的形体结构和空间透视关系，具有肯定、概括的特点（图 2－7）。

线条在表现形体结构、体面转折方面，具有较强的艺术表现力。在结构素描训练中，线条的运用要依据物象的结构特点和形象的需要，同时也要注意线条的刚柔、虚实、疏密、宽窄、长短、浓淡、曲直、主次等变化，使线条富于变化、生动感人（图 2－8）。

图 2－7　尼古拉·费申　作

图 2－8　刘胜　作

（二）用明暗光影的表现方法——明暗素描

明暗素描是素描训练的基本造型手段，又称调子素描，主要是利用光线照射到具体物象上反射出来的明暗层次来塑造形体，具有立体感、空间感强的特点。

图 2－9　素描作品　俄罗斯列宾美术学院

明暗素描利用光照强弱所产生的明暗虚实和黑白层次变化丰富的调子，可以充分表现物体结构所形成的凹凸起伏、明露暗藏、平远纵深、质地差异等三维空间物象形态的特征。正因为如此，这种形式长期以来成为美术院校素描造型训练的一种主要方式，至今仍占有重要的地位（图 2－9）。

（三）线条与明暗相结合的表现方法——线面结合素描

线条与明暗相结合的素描，吸收了线条、明暗两种不同造型手段的长处，综合了线面技法，具有准确、精练、概括地表现物象的特点（图 2－10）。

这种方法以灵活多样的手法，将线和面融于素描造型之中，准确、精练、概括地表现物象，既注意明暗关系所产生的立体、空间、实虚等变化，又注重结构的刻画，在线条与块面衬托互补的对比中，使形体结构明确厚实、变化多样、富有美感（图 2－11）。

图 2－10　素描作品　俄罗斯列宾美术学院

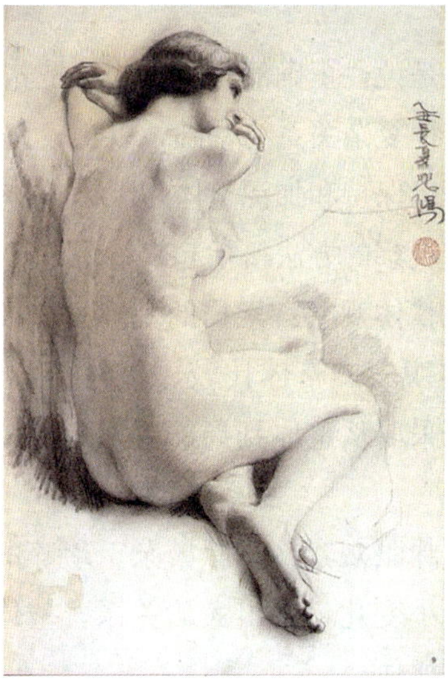

图 2－11　徐悲鸿　作

三、素描的观察方法

素描涉及范围相当广泛，需要多种能力共同协作，这就需要掌握正确的方法和技巧，通过脑、眼、手的综合性劳动，来达到提高美术造型能力的目的。这其中首先需要依靠眼睛的正确观察，进而通过头脑的分析、比较、判断、概括，来控制手用不同的方法和技巧将其表现出来。

因此，进行素描写生首先要明确如何掌握正确的观察方法。所谓观察，就是仔细地、有目的地对所要表现的对象进行审视、感受与思考。素描的观察方法最突出的特点是注重整体的观察（图2-12）。

图 2-12　素描的观察方法

1. 整体的观察

整体的观察又称比较观察，即在观察时从大处着眼、从总体出发，既不是只集中观察某一个局部，也不是孤立地观察每个局部，而是同时去观察对象的全部，包括背景，得出一个总体的感受，同时通过比较分析来确定被画物体之间的比例关系、结构关系、明暗关系、空间透视关系和虚实关系等整体关系。只有在观察中把握住整体关系，才能更准确地把握对象的形体特征。只有在掌握了正确的观察方法的基础上，才有可能掌握正确的表现方法。

也就是说，正确的观察方法就是养成一种整体观察物像的习惯。这种观察以全面研究对象的各种复杂关系为基础，以比较为手法，以从整体到局部再到整体为基本程序。通过比较，可以保持和加深整体印象，整体地表现对象的形体特征。

整体观察的方法概括起来就是：

（1）整体观察：素描的观察首先要做到整体观察、整体比较、整体分析。观察过程采取从整体到局部再回到整体的方式。

（2）眯眼观察：排除繁杂、琐碎的小东西、小变化，突出大的关系，整体就容易被抓住。

（3）加强互相比较：明与暗比、明与明比、暗与暗比，大与小比、前与后比、高与矮比，实与虚比、实与实比、虚与虚比，等等。

图 2-13　素描的整体观察

素描的整体观察方法，要体现在绘画的全过程中（图2-13）。

2. 透视与空间

一切物体都占有一定的空间，它们之间也存在着一定的空间距离。如画者与被画物体的空间距离，被画物体之间的空间距离，被画物本身前后的空间距离，被画主体与背景的空间距离等。在素描中，利用物体的透视变化产生的距离感来表现空间的技法中最基本的就是运用透视原理（图 2－14）。

图 2－14 透视与空间

什么是透视？透视是人眼的一种生理现象，在日常生活中，人们观察景物都是近大远小、近高远低、近宽远窄、近清楚远模糊等，这是人所共知的生活常识，也是视觉规律。学习透视的意义就在于能借助透视的原理，掌握正确的观察方法，从各种角度都能准确地表现物象形体。

（1）透视的种类。

透视包括线（形体）透视、明暗透视和色彩透视等不同种类，我们这里主要指的是线（形体）透视。

（2）透视的常用名词。

视点：视点是指画者眼睛所在的位置，也就是观察点（图 2－15）。

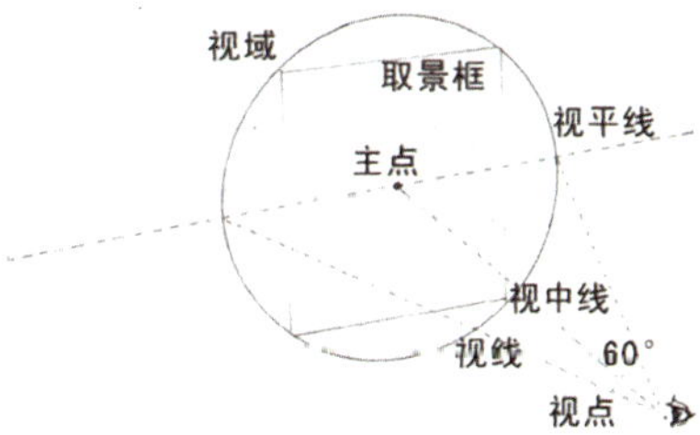

图 2－15 透视的常用名词

视平线：视平线是指与画者的眼睛同一高度的一条水平线。这条线随着视点的高低而发生变化，当平视时，视平线与地平线重合，当俯视或仰视时，视平线与地平线分开。

主点：主点又称心点。它是指画者眼睛正对着的视平线上的点，它是视域的中心。

视中线：视中线也称中心视线。它是指视点至主点的连接线及其延长线，与视平线成直角。

消失点：消失点也称灭点。在视觉中，物象由近及远、由大变小，在视平线上逐渐汇集成一点，这个点即消失点，也就是透视线的终点。在成角透视中，消失点分为左消失点和右消失点两种；在倾斜透视中，除左右两个消失点以外，还有垂直消失点。

消失线：消失线是指一条用来表现物体透视特征的辅助线，在透视变化中，物象与消失点的连接线称为消失线。在实际运用中，一般用虚线表示。

视域：视域是指眼睛看到的空间范围，当头部不转动，目光朝一个方向观看时，所能看到的就称“可见视域”。视角 60°的范围称为“正常视域”，在正常视域内，物象比较清晰，超出这个视域物象就比较模糊。

(3) 线透视的分类。

线透视一般可分为平行透视、成角透视、倾斜透视三种。

平行透视：正常视域内的立方体的一个面与画面平行，这种透视称“平行透视”。其主要特征是距画面最近的只是一个面，只有一个消失点，所以又称“一点透视”（图 2－16）。

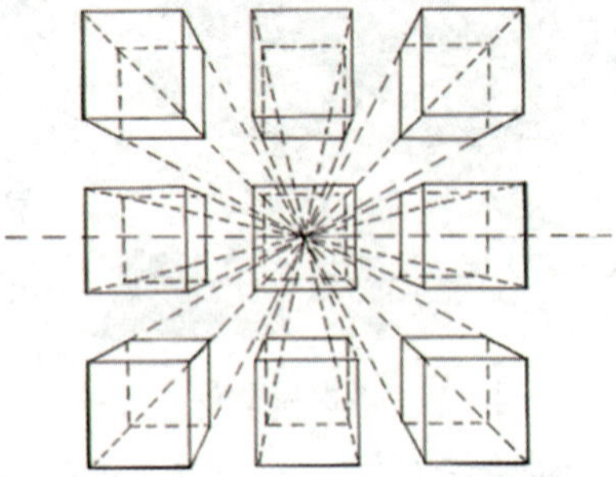

图 2－16－1　平行透视

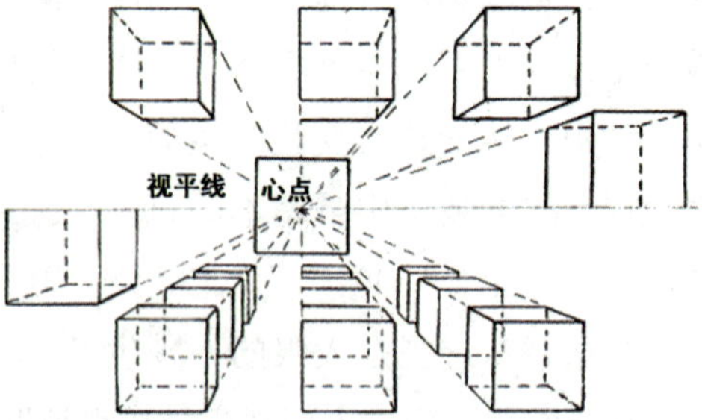

图 2－16－2　平行透视

成角透视：正常视域内的立方体没有一个面与画面平行，但上下两个面平行于地面，其他面与画面成一定角度时产生的透视现象叫“成角透视”（图 2－17）。其主要特征是距画面最近的是立方体的一个角，有两组边线消失在左右两个消失点，故又称“两点透视”。成角透视在绘画上应用很广泛，能够表现多方位的空间和主体深度。在建筑、园林、室内装饰设计中，多采用成角透视法。

倾斜透视：一个立方体不平行于画面，也不平行于地面，与画面和地面都成倾斜的状态，这种透视称“倾斜透视”。斜面有的是上斜，就是近处低远处高，其消失点称“天点”；有的是下斜，就是近处高远处低，其消失点称“地点”。建筑中的坡形屋面、台阶等都属于这种透视（图 2－18）。其特点是有三个消失点，故称“三点透视”。这种透视多存在于斜仰视或斜俯视的透视之中（图 2－19）。

透视是一门比较复杂、深奥的学科，在素描训练过程中，只有经过实际操作，才能加深对这些基本知识的理解。

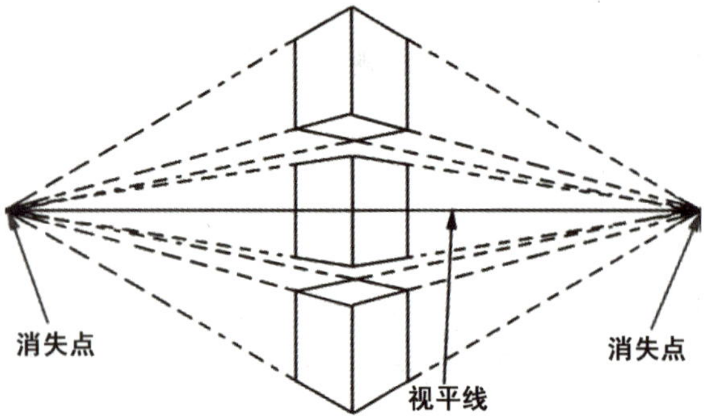

图 2－17　成角透视

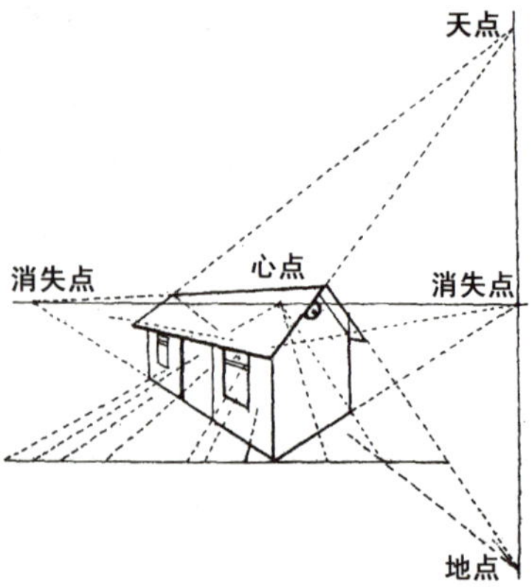

图 2－18　倾斜透视

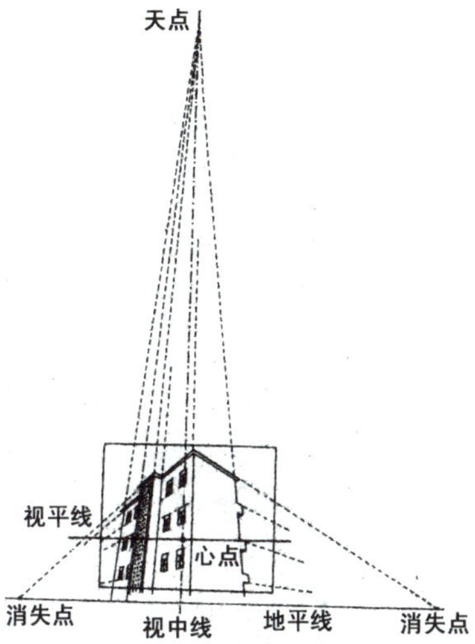

图 2-19-1 倾斜透视的斜仰视透视图

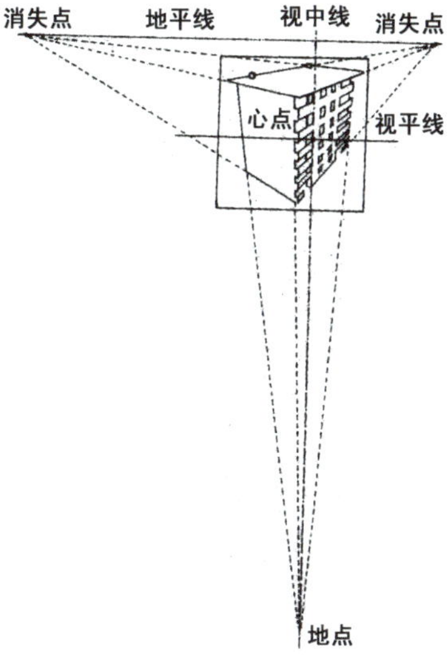

图 2-19-2 倾斜透视的斜俯视透视图

3. 比例与分割

比例是指所画物像间或物像各部分的大小、长短、高低、多少、窄宽、厚薄、面积诸方面的比较，不同的比例关系形成不同的美感。观察与表现比例关系较好的方法就是对物体采用分等分的方式进行分割，比如先抓住所观察物体最外边的两极，根据比例的大小采用分等分的方式确定中间部分的位置，然后依次对不同部分再采用分等分的方式进行分割，就可以准确地确定出所有复杂的比例关系（图 2-20）。

图 2-20-1 比例与分割

图 2-20-2 比例与分割

4. 特征与基本形

物体的形体特征，是指物体本身的基本形状。在观察中我们可以对物体的形状进行概括与归纳，从形体总体形状出发，对物体的原形进行简化，省去烦琐的细枝末节，以形成简单的几何形状。首先是抓住它的平面形，是方、是圆还是角；其次是看它的体积特征，属于立方体、球体还是柱体。在具体作画时，先目测高度，再目测宽度，最后作上、下的宽窄比较，就能把握住形体的基本特征（图 2-21）。因此可以说，抓住了基本形就大致抓住了形体的主要特征。

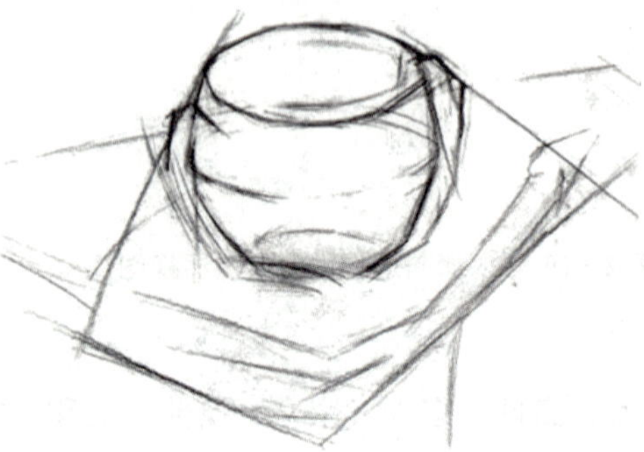

图 2-21-1　特征与基本形

图 2-21-2　特征与基本形

四、素描工具材料的性能与使用方法

（一）素描常用的工具与材料

小学教育专业学习素描的工具和材料比较简单，主要有纸、笔两大类，另外还有一些辅助工具。

铅笔——铅笔画出的线条和色调柔和细润，既易着色，又易擦易改，能满足进行深入细致刻画的需求，初学者较易掌握。铅笔分软硬两种，分别用字母“B ”和“H”加以区分，H 表示硬度，B 表示软度。通常 6H 最硬但颜色也最浅，6B 最软但颜色也最深，HB 硬度和颜色为中度。一般选用 H、HB、2B、3B、4B、6B 等常用型号即可。由于铅笔黑色深度有限，因而画面黑白对比不够强烈，缺乏色调上的力度。

橡皮——为修改工具，也可利用其擦痕产生浅色“笔触”，丰富素描的表现效果。橡皮有软固体的也有软泥状的，一般以材质柔软为宜。

画纸——素描用纸一般可选择质地坚实耐磨、纹理细腻、不太光滑、用橡皮久擦不起毛、克数较高的铅画纸为佳。

画板——作画的必备工具，初学者可选择四开画板。

（二）素描工具的使用方法

1. 画板的执法

身体坐正，两腿分开平放，将画板放在两腿靠近膝盖的地方，左手伸直握住画板的左上方，形成平稳的三个支撑点（图 2－22）。

图 2－22　画板的执法

2. 铅笔的执法

画长线的执笔方法与画短线的执笔方法不同（图 2－23），同样，画细部的执笔方法也不一样（图 2－24）。

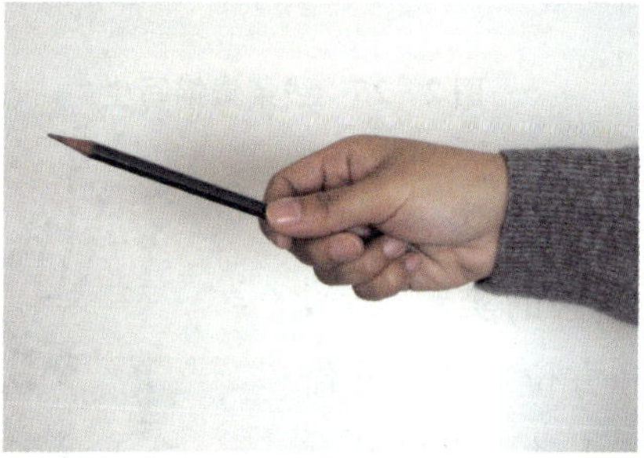

图 2－23－1　画长线的执笔方法

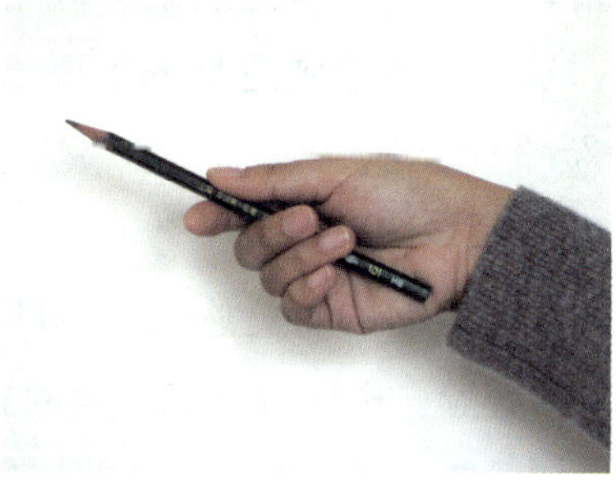

图 2－23－2　画短线的执笔方法

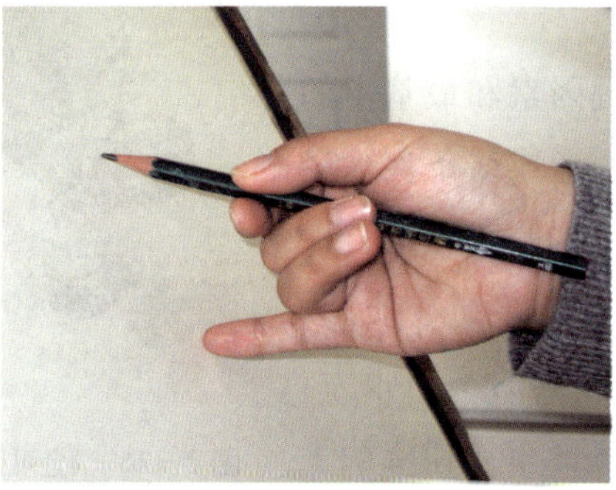

图 2－24－1　画细部的执笔方法

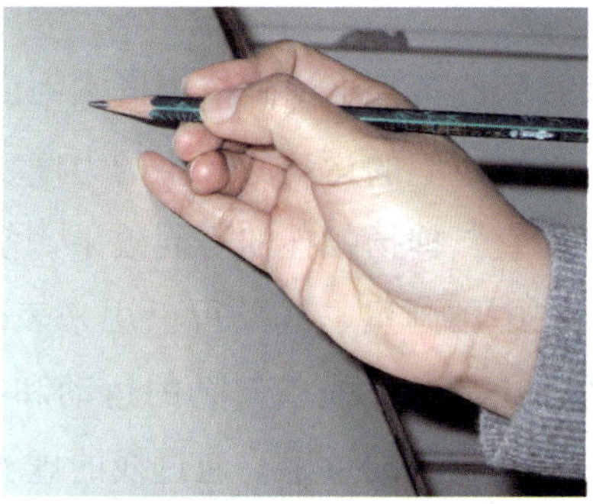

图 2－24－2　画细部的执笔方法

第二节　线条造型——结构素描

一、线条与造型

（一）线条的来源

以线条的形式观察自然形态，是人类辨别形体的一种普遍现象。从原始人到现代人、从儿童到成年人、从普通人到艺术家，从原始的穴洞岩画、彩陶图案到现代美术馆的藏画，从东方美术到西方美术，都可清楚地看到用线条表现造型的普遍性。

其实，自然界并没有孤立存在的线条，它只是艺术家在造型中创造出来的一种抽象的艺术表现形式，是绘画中特有的形式因素。从观察事物的过程中可以得知，线存在于面与面的转折处，因而它不是结构以外的东西，而是物体结构中的一种透视现象。作为艺术造型的线条，则充满了画家的感受与激情，它具有丰富的表现力和形式美感，早已成为绘画造型的重要手段（图 2-25）。

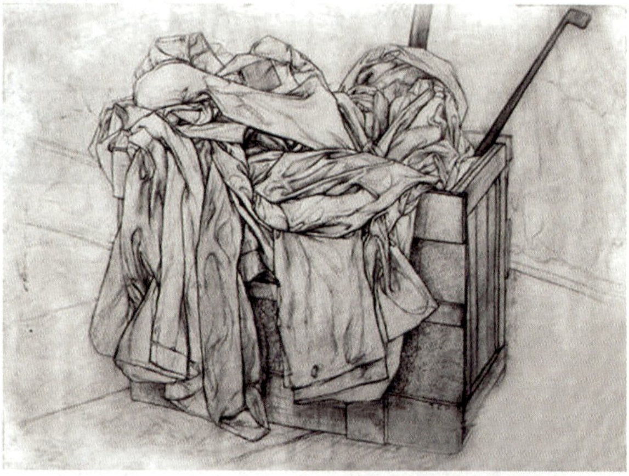

图 2-25　线条素描写生

（二）以线造型的中国画

中国画以线造型的历史悠久，经过历代画家的实践探索，积累了丰富的经验。中国画家利用笔的力度和方位变化，并借助墨的干、湿、浓、淡，展示出清晰、简练、生动、准确并富有一定装饰性和高度概括性的线，使线成为素描造型的有力手段（图 2-26）。

图 2-26　《金瓜图》（中国画）苗墨

中国画的线条是中国画笔墨形态中的关键因素和最基本的表现手段，通过笔的运动所产生的力度变化，形成线条疾徐轻重、偏正曲直、抑扬顿挫的不同效果，使线条这一艺术语言极为丰富。在中国画里，线条可以用来表现物体的量感、质感、空间感等，比如通过线条勾勒的运动和结构方式的不同张力，充分表现不同物象的量感，通过线的虚实、疏密布置和浓淡干湿的走向来显示物象的空间位置，像“十八描”中的“高古游丝描”与“铁线描”就表现出了不同的质感。中国画的线条还可以通过线条的穿梭、重叠和藏露来表现层次，通过线的快慢、转折顿挫来表现物象的节奏和韵律的感觉等（图2-27）。

图 2-27 《朝元仙仗图》

（三）西方绘画的线

西方绘画认为线是点运动的延续，线条附属于形体，主要起着确定形的边界的作用。由于线能够明确和肯定地表现物体体积的大小、空间位置、轮廓概念及面的转折，所以，线也成为素描造型中的关键因素。西方绘画力图传递真实的客观现象，在线表现形象结构方面具有明显的科学性。在西方艺术中，无论是希腊瓶画，还是达·芬奇、马蒂斯的作品，线条都是其重要的形式语言（图2-28）。

西方绘画艺术中“线”的作用和意义，也是随着时间的推进及绘画流派的产生发展而发展变化的。在线的认识和表现上，西方绘画有较多的理性特征，线主要是与绘画中的体面、光影、明暗构成共同存在的，其表现目的主要是朝着模仿自然、再现自然的写实方向发展。自印象派之后，“线”开始作为画家内心情感表达的一种有力的手段（图2-29）。

图 2-28　达·芬奇自画像

图 2-29 《妇女像》毕加索

二、线的造型——结构素描

（一）结构——对形体的认识

结构是指物体的组织方式和内部构造。结构在绘画造型中是形的骨架和基础，它是物象的本质因素之一。结构素描造型以线条突出表现物象的组合关系、结构特征为特点，其表现手法是舍去或削弱物象上的光影变化，强调物象内在的本质。作品呈现出结构鲜明、严谨、朴实、透彻的风格特征（图 2 - 30）。

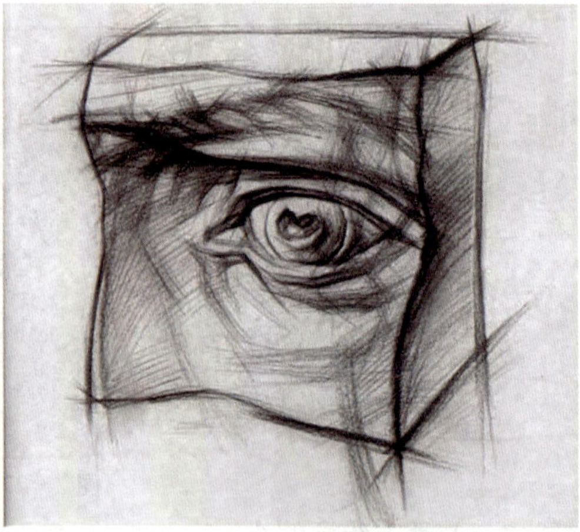

图 2 - 30　结构素描

这里必须强调的是，形体的结构并不是指形体的表面形象。画结构素描时理解物体构造的本领是画好素描的关键。其造型的基本方法是，首先画出物象的抽象结构，即通过分析、概括，用球体、立方体、圆柱体等基本形体，画出物象的基本形体结构，同时还要根据对物象结构的理解画出其被遮挡的部分（图 2 - 31）。

图 2 - 31　物象的基本形体结构

（二）线在结构素描中的特点

在结构素描中，线的特点是富有表现力。用线画素描，结构更明确、概括、有力度。在结构素描中要求用线必须与表现层次、表现体面结合起来，注意线的相互衔接和穿插，并且把透视现象与形的观察结合起来，从而树立一个牢固的形体观念。

结构素描以线为主要表现手段，易于突出物象的组合关系，使物象结构特征更明确突出。把结构素描引入基础素描训练中，并作为造型基础训练的有机组成部分，对解决初学素描的学生在造型中存在的形准问题十分有利。这是因为结构素描的造型因素相对比较单纯，便于学生集中精力解决形的问题，同时也便于学生掌握造型基本规律，如建立形体概念、学会表现物象的形体结构、建立整体观察的习惯和学会整体的表现方法。

（三）结构素描中线的表现方法

轮廓线：轮廓线反映的是形体转折部分，用线表现物象的外形和结构特征称为画轮廓。表现物象外形的叫外轮廓，表现物象内部结构的叫内轮廓，内轮廓与外轮廓结合起来画，才能准确表现物象的形。

在绘画过程中，轮廓线的表现要求由直线到曲线，由外轮廓到内轮廓，从而形成物体的立体框架。起手画轮廓时提笔要松，松到别人能轻易把笔从手中抽掉，轻轻地用复线画出物象大的外形特征，避免一开始就用细线条肯定轮廓。用复线画会产生厚度感，用线要松、虚，不要过早肯定轮廓，要经过反复比较后逐步将轮廓画明确、画正确（图 2－32）。

图 2－32　结构素描的轮廓线

结构线：结构线的特点是明确肯定，不能用含糊和似是而非的线画。因此，我们必须弄清结构关系的来龙去脉，将结构关系用线进行主观表现。

辅助线：辅助线是指在形体塑造的过程中所借助的假设线。这些线有助于我们把握形体的动势和形体的整体特征，有利于我们在表现形体时做到从整体到局部有序地进行（图 2－33）。

结构素描主要依靠线来表现形体结构，因此，一般用线较粗、重，否则会软弱没有力度。物体的轮廓基本上用粗线来表现，但在线的两侧用不同的虚实变化进行处理，使线具有深浅递减的变化，以表现出空间关系。

运用线的不同粗细变化，还可以表现物象不同的明暗关系。一般受光部用细线，背光部用线较粗。此外，有时在一条线上，也可以利用线的不同

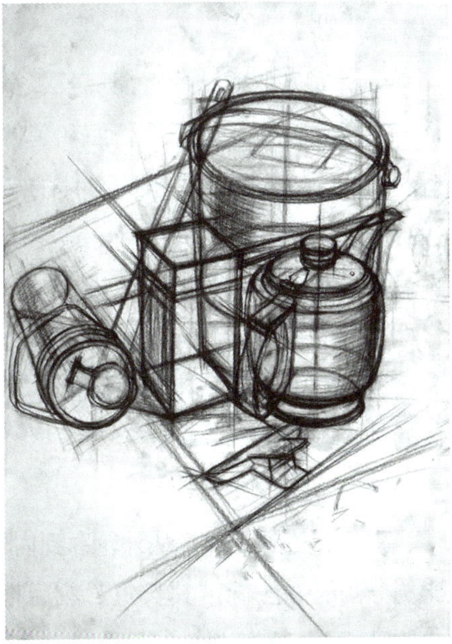

图 2－33　辅助线的作用

粗细变化，表现物象受光部和背光部的关系。在结构素描中把线和面结合起来表现体积，使体积感增强并能入微地刻画出物体的细节，是一些作画者常用的方法（图 2-34）。

图 2-34　线的不同粗细变化

（四）石膏几何体结构素描的写生方法

几何形体有立方体、圆球体、锥体、柱体、三角体以及这些形体组合成的其他稍复杂形体，其中，立方体和圆球体是两个基本形体。由于立方体的结构比较简单，便于把握，而且也能够通过立方体的写生掌握基本的透视知识和对形准的要求，因此我们将立方体的训练作为结构素描训练的初步练习。

1. 立方体结构素描写生步骤

第一步：观察。

分析立方体的结构特征：长、宽、深三维空间比较明显，六个面都相等，对应面都平行，由于透视变化的原因，面和延伸的边线都有缩形和变短。通过对这些特征的概括、分析和把握，就能准确掌握立方体的结构关系、比例关系和透视关系，获得整体认识和理解（图 2-35-1）。

第二步：定点构图。

确定立方体在画面上的位置。先用短直线确定立方体高点和低点的位置，然后测出立方体宽与高的比例，用直线画出左右宽点的位置。上下和左右各两条线，大体确定了立方体的外形（图 2-35-2）。

第三步：起轮廓。

把从整体到局部、从外轮廓到内轮廓的结构画出。先画中间最前面的一条垂直边，运用比例分割的方法确定其长短，然后根据透视原理，从上到下，先画出前面四条倾斜边线，接着是后面两条倾斜边线，通过上面这个面的透视，再画出下面左右两个斜边，同时调整各

图 2-35-1　第一步：观察

图 2-35-2　第二步：定点构图

个顶角位置。这一步十分重要，是抓形准的关键，一定要遵循整体原则，否则无法把握立方体的形准问题（图 2-35-3）。

第四步：深化形体。

把立方体的前后空间、内外轮廓、转折等表现出来，所以要深入理解立方体的结构，把看不见的部分也画出来，要运用穿透法画出立方体所有处于空间深处的部位。所谓"穿透法"，是把物体看成透明的，打破视觉的局限，既能表现物体的前部结构又能表现物体的后部结构（图 2-35-4）。

图 2-35-3　第三步：起轮廓

图 2-35-4　第四步：深化形体

第五步：调整统一。

对画面进行整体观察，检查比例、透视、结构是否准确，对不足之处进行调整修改。在线条的运用上，主要的、前面的轮廓重、实，次要的、后面的轮廓轻、虚，力求使画面完善、充分，结构清晰，坚实有力。

2. *石膏几何体组合写生步骤*

画前实拍图（图 2-36-1）。

第一步：起稿定形，确定构图范围和形式（图 2-36-2）。

第二步：连接各个点，画出各个形体的基本轮廓（图 2-36-3）。

第三步：画出形体内部的透视辅助线（图 2－36－4）。

第四步：完成效果图，适度加上明暗调子，强调形体的体积感和画面的空间感（图 2－36－5）。

图 2－36－1　画前实拍图

图 2－36－2　第一步

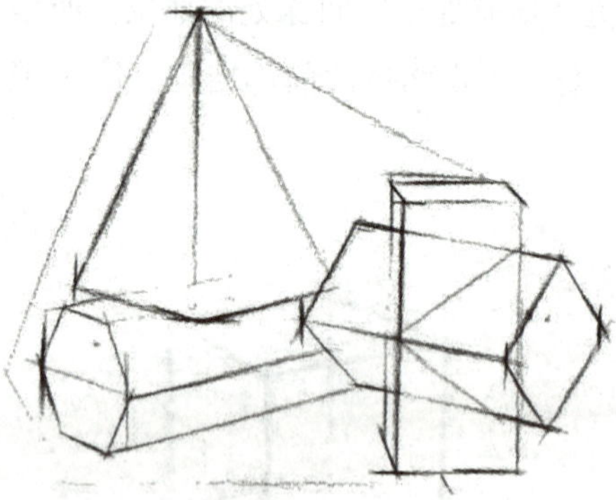

图 2－36－3　第二步

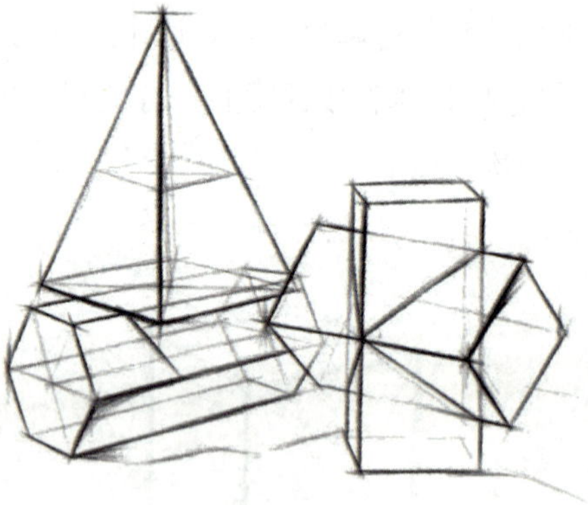

图 2－36－4　第三步

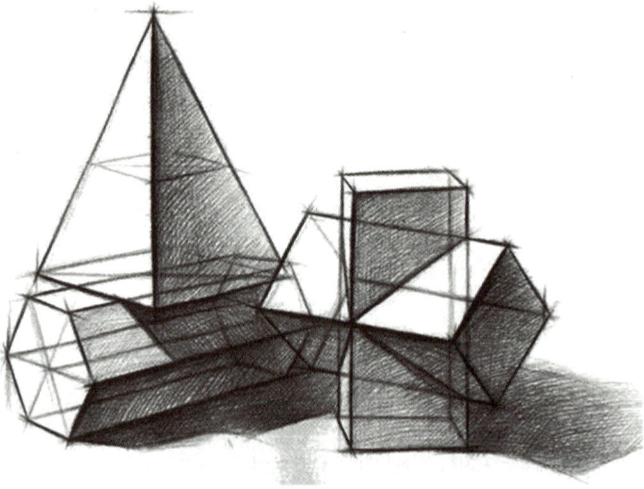

图 2－36－5　第四步

(五) 结构素描参考图

1. 石膏几何体结构素描参考图（图 2－37 至图 2－42）

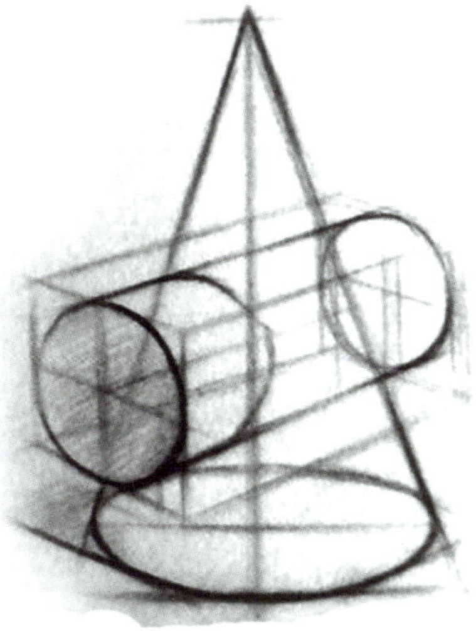

图 2－37

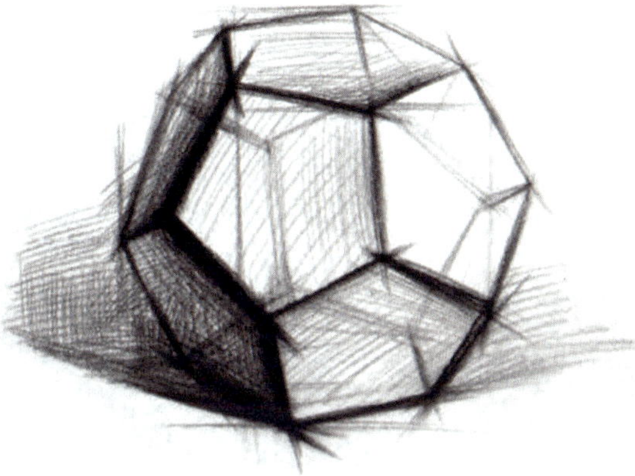

图 2－38

图 2－39

图 2－40

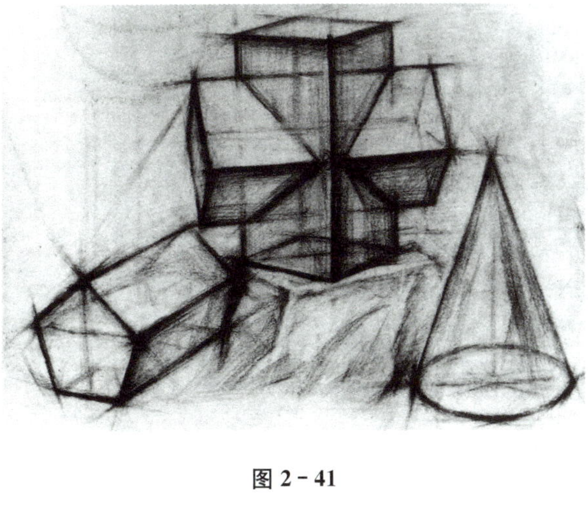

图 2－41

图 2－42

2. 静物结构素描参考图（图 2-43、图 2-44）

图 2-43

图 2-44

第三节 光与明暗——明暗素描

一、明暗的形成与光

> 如果我能随性而为，我只会用黑白两种颜色。
> ——埃德加·德加

明暗的产生是光线作用于物体的客观反映，是建立在物理光学基础上的。明暗素描就是利用光照决定明暗变化的自然法则，在二维平面上表现出物象三维空间的立体感的素描表现方法（图 2-45）。

（一）光与明暗形成的规律

（1）明暗的程度是由光照的强弱所决定的，光照的强弱则是由光源、投射角度、物体质地和固有色所决定的。光源越强、投射角度越垂直，明度越高，同时，物体固有色越亮、质地越光滑，明度也越高；反之，则相对逐次减弱。

（2）明暗的对比与光源距离、物体固有色相关。近处对比明显，随距离推远而逐渐减弱；固有色亮的明暗对比强烈，固有色暗的则明暗对比减弱。

（3）物体体面转折处，明暗对比增强，明者更加明，暗者更加暗，明暗交界线是这个物体颜色最深的地方。

（4）顺光条件下，近明远暗；逆光条件下则远明近暗；侧光时则明暗对比清晰。

图 2-45 《荷马》冉茂芹

（二）光对明暗形成的影响

光有自然光（如日光、天光）和人造光（如灯光）。受单一光源照射的物体的明暗变化比较单纯而有规律，比较容易表现；受多光源照射的物体，其明暗变化大，表现起来就相当困难。写生时多采用比较稳定的偏北天光或单一人造光光源，便于造型研究。

一般光照有下列几种情况：

（1）平光：正面直射的光，受光面大，变化小，固有色清楚，轮廓线明确。优点是明朗清晰，缺点是立体感不强、光色变化少（图 2-46）。

（2）顶光：是由上向下照射的光，其特点是倾向朝上的面较亮，倾向朝下的面较暗，明暗对比强、反光阴影较清晰（图 2-47）。

（3）侧光：从侧面射来，角度不同，效果也不一样，明暗对比强，立体感强，便于塑造形体（图 2－48）。

图 2－46　平光

图 2－47　顶光

图 2－48　侧光

（4）底光：由下往上照射的光，绘画中主要用来表现特殊效果（图 2－49）。

（5）逆光：来自背后的光照，绝大部分背光，反光微弱，有独特的效果，但写生练习时必须加强反光，以增大透明度（图 2－50）。

（6）散光：光由周围多处照射，一般光感对比微弱，但对结构的表现作用很大，常常在结构素描中应用（图 2－51）。

图 2－49　底光

图 2－50　逆光

图 2－51　散光

（三）明暗素描中的基本术语

（1）明暗调子：明暗调子是明暗素描最基本的因素。在素描写生中我们可以观察到，物体在空间中由于其自身立体的三维空间，在光线的照射下形成了明暗不同的变化——明暗调子，物体的立体形象也就随之显现出来。显然，明暗调子有着不可忽略的功能，它是表现物象的立体感、空间感、质感和形体结构的有效手段，能够使画面的形象更为具体，有较强的直觉效果（图 2－52）。

图 2－52　明暗调子

（2）量感：由物体的重量带给人的视觉感知即为量感。表现出物体的轻重、厚薄、大小、多少等感觉，是明暗素描造型的目的之一。

（3）质感：借助光的照射，运用明暗素描的手段，表现出各种物体所具有的轻重、软硬、糙滑等各种不同的质的特征——质感，给予人们以真实感和美感（图 2－53）。

（4）体积感：又称立体感，是指在平面上的素描作品中所表现的可视物体能够给人以一种占有三维空间的立体感觉。

（5）空间感：依照几何透视和空气透视的原理，以及借助光的照射和运用明暗素描的手段，描绘出物体之间的远近、层次、穿插等关系，使之在平面的绘画上传达出有深度的立体的空间感觉（图 2－54）。

图 2－53　明暗素描的质感
俄罗斯列宾美术学院作品

图 2－54　素描空间感

二、明暗素描的基本要素

物体在光的照射下产生明暗，艺术家们根据这种现象，在实践中不断积累经验并在原理方面不断探索，归纳总结出明暗素描的基本要素——“三大面五大调”。“三大面五大调”可以使明暗关系更加有条理、更具体，为增强素描的艺术性提供了可遵循的法则。

（一）“三大面”

物体在光的照射下产生明（白）暗（黑）两个部分，而由明向暗推移过程中有一过渡区，即介于黑白之间的灰色调。因此我们称物体上由光照产生的黑白灰三个面的色度上的层次变化为“三大面”（图 2-55）。

图 2-55　明暗素描的三大面

（二）“五大调”

所谓“五大调”，是指在物体“三大面”的基础上将黑、白、灰层次进一步细化，将物体上的光照所反映出的色调变化更深入细致地区分成五个部分（图 2-56）。

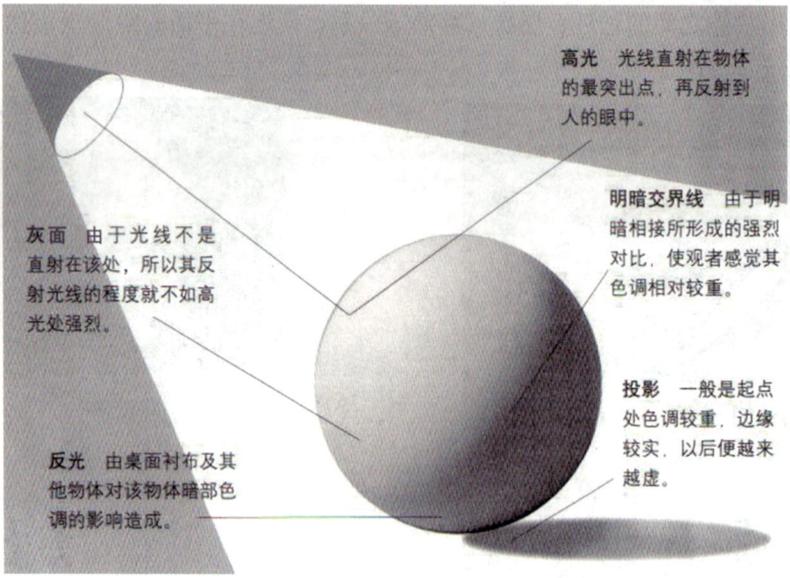

图 2-56　明暗素描的五大调

（1）高光：物体最突出、离光源最近、受光垂直照射的部分，它也是物体最亮的地方。表面光滑、质地坚硬的物体，高光就明显突出，反之高光柔和而不明显。

（2）灰面：灰面是物体上受侧光照射的部分。灰面的色调变化最为丰富。

（3）明暗交界线：物体受光面（明）与背光面（暗）之间明显的界线，就是明暗交界线。明暗交界线是这个物体在光照下最暗的部分。要注意的是，明暗交界线并不是一条线，而是一个面，其虚实、宽窄、曲直、深浅是随着物体表面的起伏而变化的。明暗交界线的重要性在于对物体立体感的表现关系极大。

(4) 反光：反光是环境反射光照射在物体背光的部分。一般情况下，反光最亮也不能超过受光面中灰面的亮度。此外，反光与物体本身质地有密切关系，如质地光滑、明度较浅，反光就清晰；质地粗糙、明度较深，反光则模糊。反光对物象空间深度和体积感的表现效果有直接影响。

(5) 投影：投影是物体遮住了光源，在背景上产生的阴影。离遮挡物近的投影较深，边线清晰，黑白对比强；反之，投影较淡，边线模糊，黑白对比也较弱。

“三大面五大调”是明暗素描的基本要素，是表现立体感的主要法则，也是表现质感、量感、空间感的重要手段。如果明暗素描造型能准确地表现出这种关系，就可达到真实的效果（图 2－57）。

图 2－57　“三大面五大调”

三、明暗素描的表现方法

（一）整体与局部的原则

整体与局部是对立统一的关系，并不存在纯粹的“整体”，整体的丰富性有赖于局部的深入刻画。整体是由若干个局部组成的，没有局部的整体，是空洞的、不真实的，然而，没有整体的局部，再精彩、再深入也是毫无意义的（图 2－58）。整体是素描教学的基本原则。它体现在作画的全过程，无论是观察、打轮廓、铺明暗还是深入刻画，都不能忘记对物象整体态势的把握。所以马蒂斯说：“没有整体的形，细节画得再好、再出色也毫无价值。”

解决整体与局部的关系必须靠“比较”的方法。“素描就是比较，比较，再比较。”比较色调的深浅，比较形体比例的长短、宽窄、大小，比较透视关系的远与近、虚与实。只有经过这些“比较”画出来的物象，才是客观对象真实存在的一面。

有的学生在作画时不是在整体观念的指导下全面推进，而是急于求成，急着出效果，在缺乏对整体效果的把握下一味死抠局部，使各局部之间无法很好地衔接。往往是某一部分已经画得非常突出和完整，而其他部分还是空白的，其画面效果可想而知。因此，“从整体到局部再到整体”便成为素描训练的基本程序，即从整体出发，先画整体后画局部，最后又回到整体。首先把对象当作一个整体来画，而不是一个物体一个物体地画，更不是一个部分一个部分地画。当画到局部时不仅要注意局部关系，而且也要注意整体的效果，画局部实质也是画整体。在素描练习的每个阶段都要考虑到整体关系，“整体—局部—整体”多次反复，一次比一次更完整，最后塑造出一个高度概括、完整的艺术形象（图 2－59）。

图 2－58　整体与局部的关系

图 2－59　整体的效果

（二）虚实与空间的处理

素描中的虚实是指表现的物体形象清晰与模糊的状态，模糊为“虚”，清晰则为“实”。这种虚实感觉完全是从生活中来的。虚与实的关系，在现实生活里处处可见，比如越远的景物越模糊，即为“虚”；越近的景物越清晰，即为“实”。画面中的虚与实的对比处理，是作画者在艺术表现时，根据自己的主观意图和自然法则有意识地、主动地、有选择地让某些部分清晰、让某些部分模糊，是对画面空间关系进行艺术处理的一种重要方法（图 2－60）。

1. 明暗造型中的虚实对比规律

明暗造型中的虚实对比关系，具有其独特的形式规律。首先与空间距离有关，即景物越远越模糊，越近越清晰；其次与光照有关，即受光部清晰，背光部则模糊；最后与作画者有意地加强对比、强调主次关系的表达也有关，即将主体部位处理成“清晰”，将非主体部位处理成“模糊”。

由此可见，明暗造型中的虚实对比关系的规律为：

（1）按前后层次的空间关系，物体的前面部分或前面的物体是“实”的，物体的后面部分或后面的物体是“虚”的。

（2）根据光线照射的自然法则，受光照射的亮部是“实”的，暗部是“虚”的。

（3）为区别主次关系，物体的主要部分或主要的物体是“实”的，物体的次要部分或次要的物体是“虚”的。

应该注意的是，这里的虚实对比关系不是绝对的，而是相互比较得来的，是通过整体的比较进行艺术处理的。利用好虚与实的处理方法，可以达到使画面层次丰富、完整协调、主次有序的目的（图 2-61）。

图 2-60　素描中的虚实关系

2. 明暗造型中虚实对比关系的表现方法

运用虚实对比关系来表现空间关系的方法主要有两种（图 2-62）。

图 2-61　虚实对比规律

图 2-62　虚实关系的表现方法

（1）实的部分轮廓结构清楚、具体，黑白色调对比强烈。

（2）虚的部分轮廓结构相对模糊，黑白色调对比也相对减弱、接近。

3. 明暗素描中虚实对比关系处理的作用

运用明暗造型中虚实对比规律进行的艺术处理，对充分表现明暗造型的艺术效果有着重要的作用。

（1）利用虚实对比表现立体空间关系。将受光面画实，将背光面画虚，或将近处的部分画实，将远处的部分画虚，可以帮助我们增加空间距离，突出近处部分，使后面的部分退远，加强画面的立体空间效果。

（2）利用虚实对比区分主次。将主要部分的形体结构画得具体、清楚、结实，色调对比强烈，将次要部分的形体结构画得相对虚一些、对比弱些，可以突出主要部分，使画面具有极强的绘画艺术性。

（3）利用虚实对比表现画面节奏。画面虚实相间产生的强烈对比形成的节奏感，可以用来烘托画面的气氛或表达作者的情感（图 2-63）。

图 2-63　珂勒惠支自画像

四、明暗素描的写生

（一）石膏几何体的写生

1. 石膏立方体明暗素描的写生步骤

第一步：起稿（图 2-64-1），先确定画面的构图，画出立方体的基本轮廓，注意其各部分的大小比例。利用线的变化，画出前后透视关系，确定基本轮廓和明暗交界线及投影的位置。

第二步：铺大体明暗（图 2-64-2），将暗部、投影处快速铺开大色调，分块面，解决立方体的体积问题。

第三步：深入刻画（图 2-64-3、图 2-64-4），从明暗交界线开始深入刻画，同时注意每个面之间的色调区别。

第四步：调整（图 2-64-5），对画面进行调整，处理好虚实关系以加强空间感、立体感。

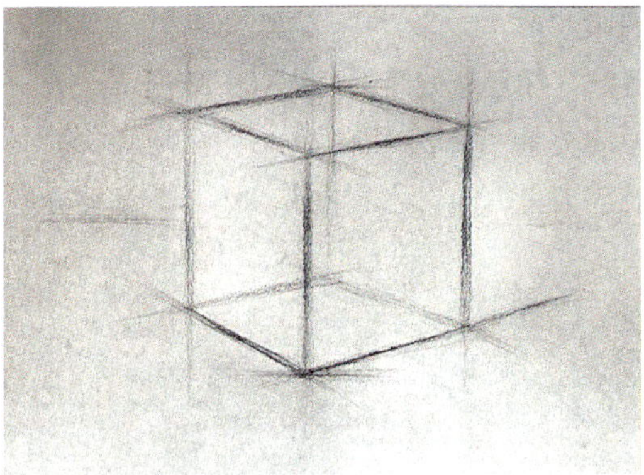

图 2－64－1　第一步：起稿

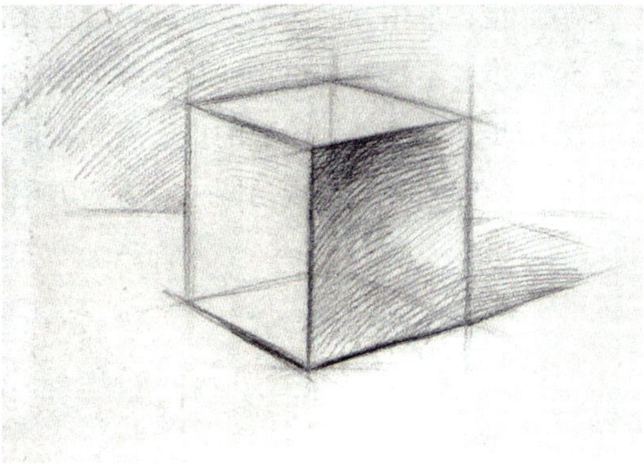

图 2－64－2　第二步：铺大体明暗

图 2－64－3　第三步：深入刻画

图 2－64－4　第三步：深入刻画

图 2－64－5　第四步：调整

2. 石膏球体明暗素描的写生步骤

第一步：把球理解成正方体，用直线削出球形（图 2－65－1）。

第二步：采用分面法塑造球体，分出大体明暗关系（图 2－65－2）。

第三步：丰富球的色调变化，强调明暗交界线，注意球的暗部反光（图 2－65－3）。

第四步：正确处理轮廓的虚实变化，体现空间关系（图 2－65－4）。

第五步：整理，表现出圆中有方、方中有圆的效果（图 2－65－5）。

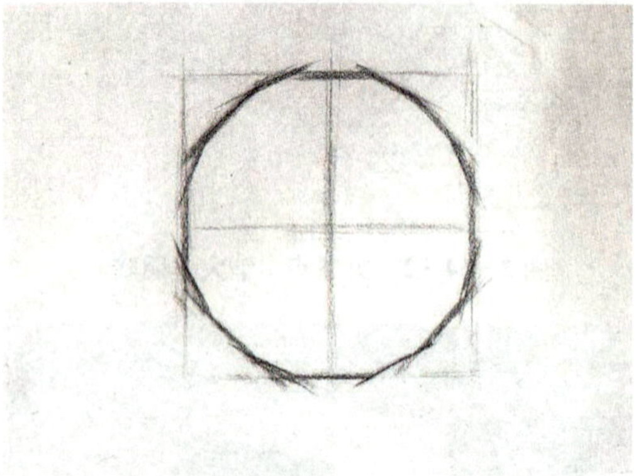

图 2－65－1　第一步

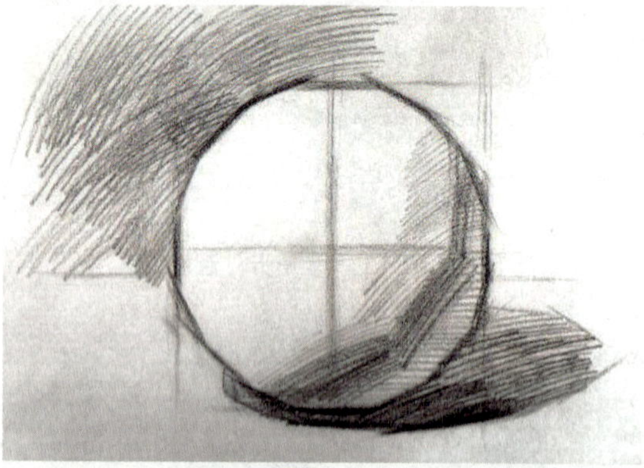

图 2－65－2　第二步

图 2－65－3　第三步

图 2－65－4　第四步

图 2－65－5　第五步

(二) 静物的写生

1. 静物明暗素描

静物明暗素描练习是在石膏几何体写生的基础上，增加固有色与质感、量感变化内容的新课程，物体的造型形态也呈现出更为复杂的多样性，因而它为我们的素描造型训练提供了更丰富的内容（图 2-66）。

图 2-66　静物明暗素描

由于静物与石膏几何体具有不同的特点，在静物明暗素描的写生练习中必须把握几个要点：

(1) 颜色感与明度变化。

素描是一种单色的绘画，因而关于物象的色彩感觉只能通过黑白灰色调的明度变化来表现。在静物明暗素描的写生中，准确观察和判断物体之间固有色的明度及其差别，细致敏感地辨别和把握色彩明度的层次关系，对于颜色感的表现非常重要（图 2-67）。

图 2-67　颜色感

(2) 质感的表现。

人对不同物体的质感的视觉感知是不同的，如玻璃表面的光洁、绸缎的柔软滑亮、金属的坚硬等。质感的获得来源于人的视觉经验和触觉经验。在静物的明暗素描写生中，质感的表现是一个重要的内容，它可以使画面获得真实、丰富的写实效果。

(3) 量感的表现。

在静物的明暗素描写生中，体积感和质感是形成物体量感的重要因素。如果画面出现的是一个没有体积的平面，它是难以产生量感的；不同的质感会使人们具有不同的量感体验（图 2-68）。

图 2-68　量感

2. 单只陶罐明暗素描的写生步骤

第一步：用比较轻松的直线画出物体的基本轮廓，注意物体的比例与透视关系，确定明暗交界线及投影的位置（图 2-69-1）。

第二步：调整形体结构关系，大致画出明暗交界线的位置关系，并画出暗面的色调（图 2-69-2）。

第三步：进一步深入刻画，从明暗交界线开始深入表现物体的明暗层次变化，判断出最重的色调（如罐口）（图 2-69-3）。

第四步：进行画面的全面调整，对物体及环境作细致的调整，注意画面的整体关系，处理好虚实关系以加强空间感、立体感（图 2-69-4）。

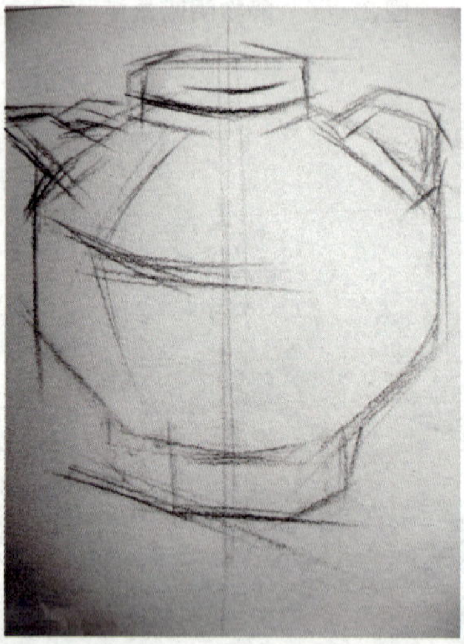

图 2-69-1 第一步

图 2-69-2 第二步

图 2-69-3 第三步

图 2-69-4 第四步

3. 静物明暗素描的写生步骤

画前实拍图如图 2－70－1 所示。

图 2－70－1 画前实拍图

第一步：起稿（图 2－70－2）。

先确定画面的构图，使画面上物体主次得当，使构图均衡而有变化，避免散、乱、空、塞等弊病。用比较轻松的直线画出物体的基本轮廓，注意物体的前后位置、大小比例。利用线的变化，画出前后透视关系，确定基本轮廓和明暗交界线及投影的位置。轮廓线不要太重。

第二步：铺大体明暗（图 2－70－3）。

将暗部、投影处快速铺开大色调，分块面，重点调整和完善物体的明暗交界线，形成一定的素描空间关系，解决物体体积问题。同时也为下一步的深入塑造做铺垫。

第三步：深入刻画（图 2－70－4）。

从明暗交界线开始深入塑造每一个形体，进一步丰富静物的固有色、黑白灰层次问题，在整体的基础上进行刻画。同时注意每个面之间的色调区别，强调结构，去掉辅助线。

注意调整形体，逐步深入塑造物象的体积感。对重要的、关键的细节要精心刻画。注意各个物体固有色的区别，以及物体质感、环境空间远近的表现。深入刻画时难免会忽视整体与局部的相互关系，这时要全面予以调整，主要指形体结构以及色调、质感、空间、主次等，特别要注意画面的黑、白、灰和整体的大效果，做到有所取舍、突出主体。

第四步：调整（图 2－70－5）。

对物体及环境作细致深入的调整，注意画面的整体性（调子的整体、明暗的整体、素描关系的整体），处理好虚实关系以加强空间感、立体感、整体感，把物体之间的明暗层次都调整到位，使质量感、空间感都得到充分表达。

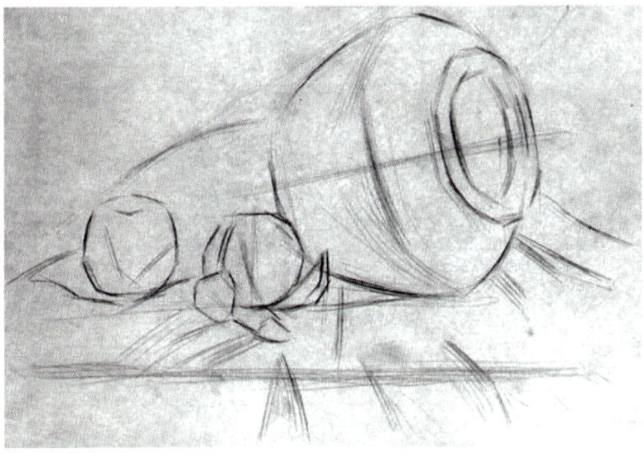

图 2－70－2 第一步：起稿

图 2－70－3 第二步：铺大体明暗

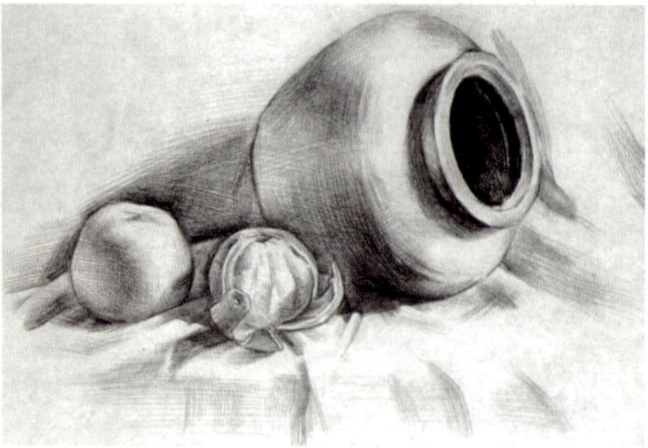

图 2-70-4 第三步：深入刻画

图 2-70-5 第四步：调整

（三）明暗素描参考图

（1）石膏几何体明暗素描参考图（图 2-71 至图 2-77）。

（2）静物明暗素描参考图（图 2-78 至图 2-87）。

（3）石膏像明暗素描参考图（图 2-88 至图 2-95）。

图 2-71

图 2－72

图 2－73

图 2－74

图 2－75

图 2 - 76

图 2 - 77

图 2－78

图 2－79

图 2-80

图 2-81

图 2－82

图 2－83

图 2－84

图 2－85

图 2－86

图 2－87

图 2－88

图 2－89

图 2－90

图 2－91

图 2-92

图 2-93

图 2-94

图 2-95

本章小结

本章主要从素描的基本知识、线条造型、明暗造型三个部分来分析和阐述绘画造型的基础——素描语言，同时包含了对素描要素的分析、对素描用具的解释和素描练习的系统方法。在强调理解形体和掌握传统技巧的基础之上，全面、系统地介绍了素描艺术，以及素描对小学教育专业学生美术能力培养的重要作用。

思考与练习

1. 素描造型的基本因素有哪些?
2. 基本透视图的正确画法是什么?
3. 线条与造型有哪些相互关系?
4. 石膏几何体结构素描写生练习。
5. 明暗造型的特点和方法是什么?
6. 什么是明暗造型中的虚实对比规律?
7. 石膏几何体明暗素描写生练习。
8. 静物明暗素描写生练习。

参考文献和阅读书目

1. 王启民. 素描概论. 北京：人民美术出版社，1996
2. 章仁缘. 国外素描概念. 南昌：江西美术出版社，2003
3. 曼德尔洛维兹，等. 素描指南. 上海：上海人民美术出版社，2005
4. 李淮安. 素描几何体. 合肥：安徽美术出版社，2007
5. 张红梅，许德奇. 石膏五官·半面像. 武汉：湖北美术出版社，2006

第三章

色彩的印象

色彩就是生命，因为一个没有色彩的世界，在我们看来就像死的一般。

——约翰内斯·伊顿

Mei Shu Ji Chu

本章导引

色彩在美术中是最具有感染力的因素。色彩也是诸多形式美中最具情感性的一种表现形式，色彩所产生的美感魅力远比其他美术造型语言更为诱人、更为刺激人的情感。借用色彩来表达人们的情感和思想、美化环境、提升审美情趣和升华精神，可以使人们在知觉上获得美的享受。

本章要点提示

1. 了解色彩的形成和色彩的基础知识。
2. 掌握色彩的调配规律与应用方法。
3. 学习和掌握装饰色彩的调和规律和调色方法。
4. 学习装饰画和图案的表现方法。
5. 了解和学习写生色彩的表现方法。

第一节　认识色彩

一、色彩的形成

一切视觉表象都是由色彩和亮度产生的。没有光便没有色彩感觉。人们凭借光才能看见物体的形状、色彩。在没有一点光线的暗室中，任何色彩都是无法辨认的。没有光就没有视觉运动，光使天地万物熠熠生辉。因此，研究色彩一定要涉及以光为对象的物理学领域、以眼为对象的生理学领域和以精神为对象的心理学领域。

（一）色彩与光

17 世纪英国物理学家牛顿为人们揭开了光色之谜。他发现阳光通过三棱镜折射，能分解为红、橙、黄、绿、靛、青、紫七种颜色，把这七种颜色聚集起来又可合成白色光线这条规律。他把这种依次排列的七种颜色称为太阳光谱（图 3-1），又称白色分光光谱。牛顿的发现打开了研究色光现象的大门，出现了艺用色彩学与科学原理相结合的新局面。

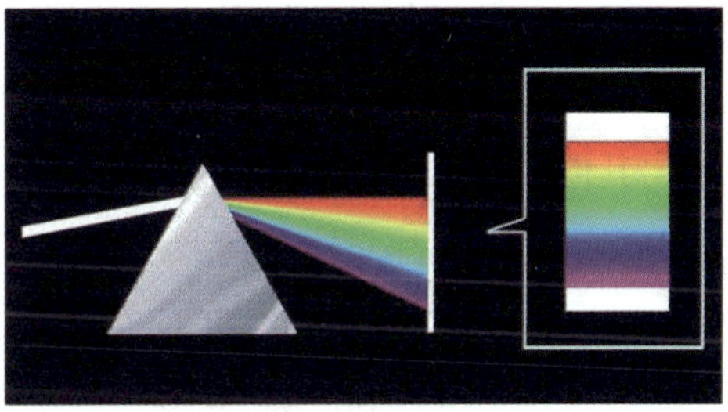

图 3-1　太阳光谱

牛顿还发现，在白光下呈现出某种色彩的物体，放在其他色光下其色彩会发生种种变化。这就证明了物体的色彩并非本身固有的，而是由对于色光的不同吸收和反射性能造成的。光线投射在物体上时，由于物体表面分子结构不同，有的太阳光谱颜色全部被吸收，有的完全被反射，有的被部分吸收。物体对太阳光谱有选择的反射性能，就是我们通常所说的物体的固有色。物体全部吸收光线时为黑色，全部反射光线时为白色。如果吸收了橙、黄、绿、靛、青、紫六色，反射出来的即为红色，如果只反射绿色而吸收了其他六色，这个物体就是绿色的。所以，物体本身是没有颜色的，只是存在有选择的反射，如果没有光的照射也就看不见颜色。

色彩对于人则是一种视像感觉。产生这种感觉基于三种因素：一是光，二是物体对光的反射，三是人的视觉器官——眼睛。不同波长的可见光投射到物体上，一部分被吸收，一部分被反射出来刺激人的眼睛，经过视觉神经传递到大脑，形成对物体的色彩信息，即人的色彩感觉。

德拉克罗瓦说过："整个世界都是反射的。"他精辟地概述了光对于自然界色彩变化的主宰作用。要正确地认识和把握自然界色彩变化的规律，就必须充分肯定光的作用，重视色光之间的相互影响和感色器官。光、物、眼三者之间的关系，构成了色彩研究和色彩学的基本内容，同时也是色彩实践的理论基础与依据。

因此，色彩是以色光为主体客观存在的，对于人则是一种视觉感知。具体地说，色彩是在光的照射下，不同性质的物质因吸收和反射出不同的色光而形成的。这种色光刺激到人的眼睛，经过视觉神经传递到大脑，形成对物体的色彩信息，这时人就感觉到了色彩。

（二）光色与绘画色彩

色彩的呈现离不开光，最常见的光有自然光（如太阳光、月光等）、人造光（如火光、灯光等）。不同的光色互相混合时，会产生色彩的丰富变化。绘画的色彩则是通过颜料色彩的变化来呈现的。光色和颜料色彩的混合产生的变化具有完全不同的规律。

（1）原色：色彩中的基本色，能合成出其他色，而其他色不能混合出的色称为原色。原色只有三种，色光三原色为红、绿、蓝（图 3－2），颜料三原色为红、黄、蓝（图 3－3）。色光三原色可以合成出所有色彩，同时混合得白色光。颜料三原色从理论上讲可以调配出其他任何色彩，而同时相加得黑色。但由于颜料中除了含有色素外还有其他物质，所以颜料三原色相加只能得到一种黑浊色，而不是纯黑色。

图 3－2　色光三原色

图 3－3　颜料三原色

（2）间色：也称第二次色，由两个原色混合而得。间色也只有三种：色光三间色为黄、青、紫，颜料三间色即橙、绿、紫。

（3）复色：也称第三次色。复色中必然包含了所有的原色成分，只是原来各种色彩的比例不等，从而形成了不同的灰调色，如红灰、黄灰、绿灰等。由于色光三原色相加得白色光，所以色光中没有复色，并且也没有灰调色。

复色的调配一般有四种方法：一是间色互相混合，二是补色相互混合，三是原色或间色与黑色混合，四是原色或间色与复色混合。

在自然界中原色和间色现象是很少的，大多以复色的形式出现。因此，在观察和分析物象颜色的时候，一定要辨别清楚这种复色的倾向，是偏红还是偏黄或偏蓝。

在色彩对视觉的感受中，原色最强烈，间色较温和，复色最柔弱。复色对某些过于刺激的色彩来说，能够起中和与协调的作用。一般人之所以认为灰调子在视觉上感觉舒服就是因为它们对视觉刺激不那么强烈。

二、色彩的要素与色性

（一）色彩的要素

色彩尽管千变万化，但离不开色相、明度、纯度这三个方面的性质，也就是说色彩是三次元的，任何一个色块都不可分割地存在色相、明度、纯度三种属性。它们就是色彩的三要素。

（1）色相：指色彩的相貌，用来区别色彩，如红、橙、黄、绿、蓝等，也就是颜色的种类和名称。

在应用中，通常是用圆的色相环（图 3-4）而不是用呈直线运动的光谱来表示色相的排列，色相环首尾相接，按顺时针方向依次为：红、红橙、橙、黄橙、黄、黄绿、绿、蓝绿、蓝、蓝紫、紫、紫红 12 色。

图 3-4　色相环

（2）明度：指色彩的明暗程度，也就是深浅的差别。色彩可分为无彩色系和有彩色系两大类。在无彩色系中，白色的明度最高，黑色的明度最低（图 3-5）。中间存在由黑白色调和形成的深浅不同的灰色系列。在有彩色系里，各个色相之间也有明度的差异，如黄色最明亮，紫色最暗（图 3-6）。

图 3-5　无彩色系明度变化

图 3-6　有彩色系明度变化

明度是色彩的骨骼，在色彩要素中具有相对独立性，它不依赖于色彩的其他要素的存在而存在，一旦色彩出现，明暗就会随之出现。我们如果把一张彩色画拍摄成单色相片，就可以看到画面上紫色为最深，红与蓝次之，橙与绿更次之，黄色最亮。

（3）纯度：也叫饱和度、彩度，指色彩的纯净程度。每个色相都有纯与不纯之分，三原色最纯，间色的纯度次之。一般来说，由锡管里直接挤出的颜料，未经调和，都属于高饱和度的纯颜色。如果把一种纯净的颜色加白或黑，在提亮或变暗了这种颜色的同时，也降低了其纯度（图 3－7）。几种色的混合也会降低纯度。只要纯度运用恰当，就会增强画面色彩分量，使画面色彩鲜明、生动和丰富。纯度高的色彩给人以强烈与刺激的印象，而纯度低的色彩则给人以舒缓与平和的感觉。在图 3－8 中，第三个色块为大红，它的左右分别加白加黑就降低了其纯度。

图 3－7－1　加白的变化

图 3－7－2　明度与纯度的关系

图 3－8　纯度的变化

（二）色性

色性，即色彩的冷暖倾向，就是颜色给人们的冷暖感觉和联想。这是色彩的“灵魂”，是掌握写生色彩的关键。

色彩的冷暖往往源于人对生活的经验，具有一种影响人的心理甚至生理活动的特性。一般来说，称红、黄、橙类的颜色为暖色。这类颜色使人振奋、热烈、欢快、刺激，会使人联想起火焰、阳光。偏蓝、绿、紫的色彩会使人感觉宁静、深沉、阴冷，并让人联想起冰霜、雪、阴影、湿冷、夜晚等。色彩感觉中以橘红色为最暖，而以天蓝色为最冷。

色彩的冷暖是相对的，必须在色彩的相互比较中才能显现出它们的区别，单独的一块颜色，我们很难说清它是冷还是暖，只有与另一种颜色相对比时，才能确定，比如大红与紫红比，大红偏暖，当它与朱红比，又显得偏冷了（图 3－9）。在黄色中柠檬黄显冷，中黄和深黄显暖（图 3－10）。所以，色彩的冷暖是在相互比较中得出的概念，通过冷暖的对比显示出色彩的生动性和丰富性。

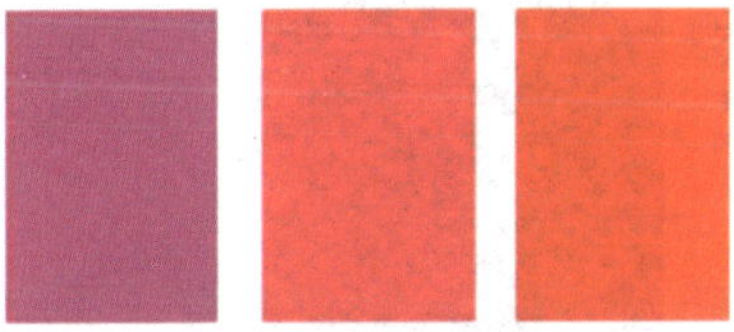

图 3－9　不同红色的冷暖比较

图 3－10　不同黄色的冷暖比较

法国 19 世纪的印象派画家们注意到，天空和大气呈透明蓝色，作为一种朦胧的色彩，处处同阳光的暖色调形成对比。莫奈、毕沙罗等印象派画家的作品的迷人之处就是通过灵巧地运用冷暖色的变调而取得的。蓝紫、蓝绿这些色彩的转调同橙色形成对比，并交织成一种绝妙的和谐（图 3－11）。

图 3－11　《撑阳伞的女人》莫奈

三、色彩的心理、情感与象征

人们对色彩世界的感受实际上是多种信息的综合反应，它通常包括由过去生活经验所积累的各种知识。不同色彩作用于人的视觉器官，通过视觉神经传入大脑后，经过思维，与以往的记忆及经验相互作用，从而影响到精神和感情体验的主要区域，形成一系列的色彩心理反应。

（一）色彩的视觉心理感受

1. 色彩的冷暖感

色彩本身并无冷暖的温度差别，是视觉色彩引起人们对冷暖感觉的心理联想。

暖色：人们见到红、红橙、橙、黄橙等色后，马上联想到太阳、火焰、灯光，从而产生温暖、热烈的感觉。

冷色：人们见到蓝、蓝紫、蓝绿等色后，则很易联想到蓝天、冰雪、大海，产生寒冷、凉爽、宁静的感觉。

2. 色彩的轻重感

色彩的轻重感主要与色彩的明度有关，如白色的物体轻飘，黑色的物体沉重。这种感觉也来自生活中的体验，明度高的色彩使人联想到蓝天、白云、棉花、羊毛等，产生轻柔、飘浮、上升、灵活等感觉。明度低的色彩易使人联想到钢铁、大理石等物品，产生沉重、稳定等感觉。所以高明度色具有轻感，低明度色具有重感；在中等明度的情况下，则灰色显轻，艳色显重（图 3－12）。

图 3－12 《舞台上的舞女》德加

3. 色彩的前后感

由于各种不同波长的色彩在人眼视网膜上的成像有前后，红、橙等光波长的色彩在人眼视网膜的后面成像，感觉比较迫近；蓝、紫等光波短的色彩则在人眼视网膜的外侧成像，在同样距离内感觉就比较后退。

尽管实际上这是视错觉的一种现象，但因此一般暖色、纯色、高明度色、强烈对比色、大面积色、集中色等就有前进的感觉，而冷色、浊色、低明度色、弱对比色、小面积色、分散色等则有后退的感觉（图 3－13）。

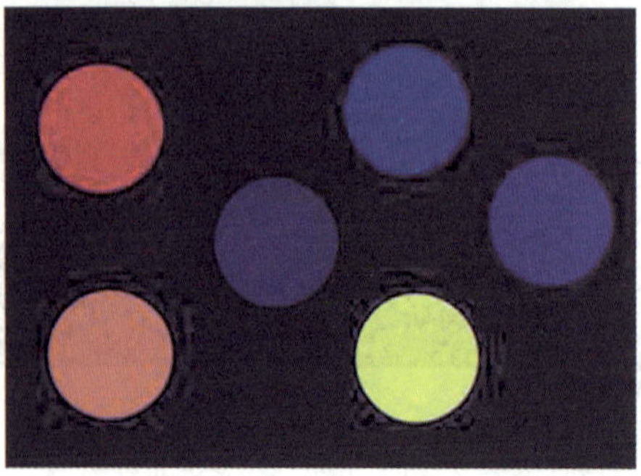

图 3－13－1 前进与后退的感觉

图 3－13－2 色彩的前、后感

4. 色彩的明快与忧郁

色彩的明快与忧郁主要与明度和纯度有关。明度较高的鲜艳之色具有明快感，灰暗浑浊之色具有忧郁感（图 3－14）。

5. 色彩的活泼、庄重感

暖色、高纯度色、丰富多彩色、强对比色感觉跳跃、活泼、有朝气，冷色、低纯度色、低明度色感觉庄重、严肃（图 3－15）。

图 3－14 《青春》何多苓

图 3－15 《威尼斯》陈逸飞

6. 色彩的兴奋与沉静感

色彩的兴奋与沉静感与纯度的关系很大，高纯度色兴奋感强，低纯度色沉静感强。暖色、高明度色、高纯度色和强对比色令人兴奋，而一般冷色、低明度色、低纯度色给人以沉静乃至阴郁的感觉。因此在色相中，红、橙、黄等鲜艳而明亮的色彩给人以兴奋感；蓝、蓝绿、蓝紫等色使人感到沉着、平静；绿和紫为中性色。

所以我们又把使人联想到喜庆、热烈、生命和鲜血的红色等，称为兴奋色；使人联想到海洋、天空、湖水给人以沉静感觉的蓝色等，称为沉静色（图 3－16）。

图 3－16 《蓝色的睡莲》莫奈

（二）色彩的性格

各种色彩都有其独特的性格，当它们与人类的色彩生理、心理体验相联系后，客观存在的色彩仿佛就有了复杂的性格。

1. 红色

红色是人类最初使用的色彩，它的波长最长、穿透力强、感知度高，是众多色相中纯度最高的一种。它易使人联想起太阳、火焰、热血等，具有温暖、兴奋、热情等向上的倾向（图 3-17），但有时也被认为是原始、暴力、危险的象征。它适用于表达炽烈的情感或是危险的、暴力的象征。在中国，红色传达着喜庆、富贵的情感，历来是我国传统的喜庆色彩。

图 3-17 《九月》罗尔纯

2. 橙色

橙色与红色同属暖色，是居于红、黄之间而兼具两者特性的色彩，色感较红色更暖，它使人联想起火焰、灯光、霞光等，是暖色系中最温暖的色彩。它既适于表达热烈的情感，同时又具备欢快、明朗的特征，给人活泼、华丽、辉煌、愉快等积极向上的感觉（图 3-18），但也有疑惑、嫉妒、伪诈等消极倾向。

3. 黄色

黄色是所有色相中明度最高的色彩，它光亮夺目，同时也像一只高音喇叭，是暖色系中最响亮的色彩。它适合于表达欢快、喜悦的情感，是崇高理想和美好前程的象征（图 3-19）。

图 3-18 《吻》克里姆特

图 3-19 《向日葵》凡·高

金黄色是最高智慧和文明的一种象征。在古代中国，最明亮的色彩——黄色——专用于皇帝，即“天子”。在古埃及，黄与金色寓意为明亮的太阳。贵重的金属工艺品——黄金饰品——就象征着高贵和地位。

黄色具有轻快、光辉、光明、辉煌、秋天、希望等印象，但黄色过于明亮而显得刺眼，并且与他色相混极易失去原貌，故也有轻薄、衰败、不稳定、变化无常、冷淡等不良含义。含白的淡黄色使人感觉平和、温柔，深黄色却另有一种高贵、庄严感。

4. 绿色

绿色是人的视觉最能适应的一种色光，在大自然中，除了天空和江河、海洋，绿色所占的面积最大，草、叶植物，几乎到处可见，被人们称为生命之色。它象征生命、青春、和平、希望、幽远等。绿色的表现意义是丰饶、充实、宁静与希望，适合于表达活跃的、舒展的或是平和的情感（图 3－20）。

图 3－20　《潮》詹建俊

如果绿色倾向黄色，进入黄绿色范围，则带给人们春天的气息，使人感到自然界朝气蓬勃的青春力量。如果绿色倾向蓝色，它的精神成分就扩展了，具有一种冷色的生动、有力的扩展性。蓝绿、深绿是海洋、森林的色彩，有着深远、稳重、沉着、睿智等含义。人们较长时间地注视绿色，还可以消除视觉疲劳。

5. 蓝色

蓝色具有一定的后退感，与红色、橙色相反，蓝色是典型的寒色，有如冬天的大自然的力量，显得寂静而沉默，适合于表达沉静、理智或者忧伤的情感。蓝色总是带有阴影感，它是一种捉摸不到的东西，然而又作为透明的气氛出现。蓝色表达沉静、冷淡、理智、透明等含义（图 3－21）。

图 3－21　《宁静》东山魁夷

蓝色对西方人而言意味着信仰，而以前对中国人而言则象征着不朽。蓝色还象征着海洋、神秘、自由、清爽。

浅蓝色系明朗而富有青春朝气，深蓝色系沉着、稳定。靛蓝、普蓝因在民间广泛应用，似乎成了民族特色的象征。当然，蓝色也有其另一面的性格，如刻板、冷漠、悲哀、恐惧、凄凉、冷酷等。

6. 紫色

紫色是色相环中明度最低的色彩，处于冷暖之间游离不定的状态，会使人在心理上产生一种消极感，使人联想到矛盾、消沉、悲哀、不安、忧郁、不祥。

紫色具有神秘、高贵、奢华的气质（图3－22），有时也使人感到孤寂、消极。含浅灰的红紫或蓝紫色，却有着类似太空、宇宙色彩的幽雅、神秘之时代感，为现代生活所广泛采用。当紫色中加入白色的调和，就变为淡淡的紫罗兰色，显得高贵而神秘，给人以高贵、优雅的感觉。

图 3－22 《逆光》陈小珩

大面积的纯紫色在我国民间不受欢迎，较暗或含深灰的紫色，是伤痛、不祥、腐朽、疾病以及死亡的象征，适合于表达忧郁、痛苦或不安的情感。当紫色以色域出现时，特别是当紫色倾向于紫红的色域时，往往传达出一种令人恐怖的感觉。紫色和其他颜色对比或同时出现时，时而显得神秘，时而富有威胁性。

7. 黑色

黑色为无色相、无纯度之色，往往使人感觉沉静、严肃、厚重、深沉、含蓄（图3－23），但也易让人产生悲哀、恐怖、沉默、死亡、绝望、罪恶等消极印象，是传统的丧色。尽管如此，黑色的组合适应性却极广，无论什么色彩，特别是鲜艳的纯色与其相配，都能取得赏心悦目的良好效果。但是黑色不能大面积使用，否则，不但其魅力大大减弱，而且会使人产生压抑、阴沉的恐怖感。

8. 白色

白色给人洁净、光明、纯真、朴素、恬静等印象（图3－24）。在它的衬托下，其他色彩会显得更鲜丽、更明朗。多用白色也可能产生单调、空虚的感觉。具体联想有冰雪、白云、白纸等，意义联想有神圣、朴素、明亮、空灵、冷清、飘逸、轻盈。

9. 灰色

灰色是中性色，其突出的性格为柔和、细致、平稳、大方，它不像黑色与白色那样会明显影响其他的色彩，非常适合于表达温和、含蓄的情感。任何色彩都可以和灰色相

图 3-23　《灰色和黑色改编曲——画家的母亲》惠斯勒

图 3-24　《玛格丽特-维特根斯坦的画像》克里姆特

混合，带有不同色相感的灰色构成了丰富、微妙的色彩世界，能给人以高雅、细腻、含蓄、稳重、精致、文明而有素养的高档感觉，往往为具有较高艺术修养和审美能力的人所钟爱（图 3-25）。当然滥用灰色也易暴露其乏味、寂寞、忧郁、无激情、无兴趣的一面。

图 3-25　《墓地上空》列维坦

第二节　色彩的应用

一、画面与色调

（一）色调的形成

在色彩作品中，色调指的是一幅画中画面色彩的总体倾向，它给人以鲜明醒目的整体印象，是大的色彩效果。在大自然中，我们经常见到这样一种现象：不同颜色的物体或被笼罩在一片金色的阳光之中，或被笼罩在一片轻纱薄雾似的淡蓝色的月色之中，或被笼罩在秋天迷人的金黄色之中，或被笼罩在冬季的银白色之中。当光线带有某种特定的色彩时，整个物体就被笼罩在这种色彩之中。这种使不同颜色的物体都带有同一色彩倾向的色彩现象就是色调（图 3－26）。

物体的固有色对色调也起着重要作用，是决定色调的最基本的因素之一。例如：一片山林在春天时呈现出一片嫩绿色调，秋天则呈现出一片迷人的金黄色调，冬天叶落草枯时则呈现出一片灰褐色调。这些色调的变化，主要取决于物体本身固有色的变化。我们说某幅画是绿色调、蓝色调、紫色调或黄色调，指的就是组成画面物体的固有色，就是这些占画面主导地位的颜色决定了画面的色调（图 3－27）。

图 3－26　《冰雪世界》（摄影）

图 3－27　《绿浪》（摄影）

色调是画面整体控制下的产物，是绘画色彩表现中不可或缺的一种语言。一幅绘画作品虽然用了多种颜色，但总体有一种倾向，偏蓝或偏红，偏暖或偏冷等。这种颜色上的倾向就是一幅绘画作品的色调。通常可以从色相、明度、冷暖、纯度四个方面来定义一幅作品的色调。

（二）画面的色调

色调从明暗上分，有亮色调、中性色调和暗色调。亮色调又称高调，具有明快、轻柔之感（图 3－28）；中性色调具有柔和、沉着、含蓄之感（图 3－29）；暗色调又称低调，具有厚重、昏暗之感（图 3－30）。从色相上分，有红色调（图 3－31）、绿色调、紫色调、蓝色调（图 3－32）等。从色性上分，则有冷色调、暖色调等。

图 3－28　亮色调

图 3－29　中性色调

图 3－30　暗色调

图 3－31　《土地》（红色调）罗尔纯

图 3－32　《有鱼图》（蓝色调）赵宋生

冷暖色调中红色、橙色、黄色为暖色调，绿色、蓝色、黑色为冷色调，灰色、紫色、白色则为中间色调。暖色调的亮度越高，其整体感觉越偏暖；冷色调的亮度越高，其整体感觉越偏冷（图 3－33）。

色调中的高调与低调主要是指色调中颜色的明度和亮度的对比。在对一幅画的色调进行设计时，同样的绿色调可以有高调和低调之分，同样的冷色调或暖色调也可以有高调和低调的区别。高调绘画的色彩亮度高，色彩之间的明度对比弱（明暗反差小），画面特点是清淡、高雅、明快（图 3－34）。低调绘画在色彩上用色浓重、浑厚、亮度低，色彩的明度对比强烈，画面特点是深沉、结实，富于变化。色彩明度对比的不同能够创造出丰富的色调变化。

图 3－33 《花园里》法兰斯克

图 3－34 《瓯江新绿》苏天赐

（三）色调的运用

每一个画面都是一个综合体，要有占主导地位的主色调，但与之相辅的陪衬色也必不可少，不然也就无所谓主色调。当一个图形中色彩很多时会显得杂乱无章，使人眼花缭乱，如果按照明确的主色调进行配色会使画面显得协调，形成理想的色彩氛围（图 3－35）。

在多色配色中掌握各色的倾向性，按照明确的主色调进行配色是调和的一种有效方法。构成主色调的方法有两种：一是各色中都混入同一种色相色彩，如混入红、橙、黄等色构成暖调，混入青、蓝、紫等色构成冷调；二是各色（或大部分色）中混入无彩色的黑、白、灰，构成暗调、明调、含灰调。由于各色（或大部分色）中混入同一种色素，使色彩之间产生了内在联系，增加了共性，因而易于调和（图 3－36）。

在色彩作品中，色调是对画面色彩结构的整体印象，不同的色调能表达不同的意境和情绪。色彩与色彩并置后会相互产生作用，局部与局部、局部与整体也会形成色彩关系，所以把握好画面的色彩关系对一幅画色调的整体效果是很关键的（图 3－37）。

图 3－35　色调

图 3－36　加白

图 3－37　《窗前的花》陆琦

二、色彩对比理论

在观察色彩效果的特征时，色彩的和谐来自有序的对比，对比包含力量的平衡与对称。

（一）色相对比

色彩的基本元素是色相，两种以上色彩组合后，由于色相差别而形成的色彩对比效果称为色相对比。色相对比的强弱取决于色相之间在色相环上的距离（角度），距离（角度）越小对比越弱，反之则对比越强（图 3－38）。

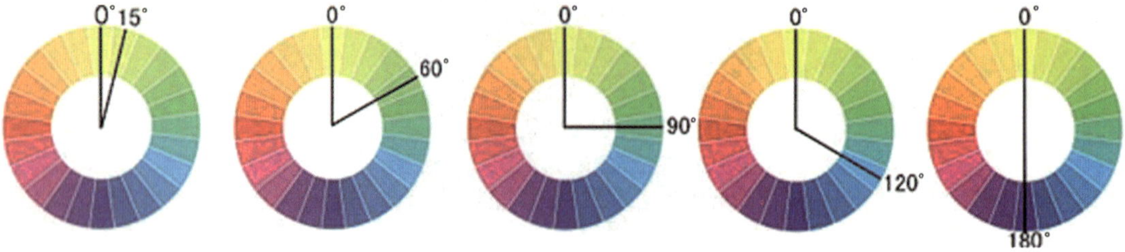

图 3－38　色相对比

色相对比是色彩对比应用中最简单的一种，一般可分为四种程度的对比：同种色对比、类似色对比（90°以内）、对比色对比（120°）、补色对比（180°）。

1. 同种色对比

同种色又称同类色，为色相相同而明度不同的色，如深红与浅红色、蓝色与灰蓝色等等。

同种色应用的微妙对比是同一色相中明暗、艳灰的对比（图 3－39）。由于选用的各色具有色相的同一性，不存在色相对比因素，因而只能是同一色相的纯度或明度的对比。它的对比效果具有单纯、朴素、柔和、统一、含蓄、稳重的特性，但也易产生单调、呆板的弊病。

图 3－39　同种色对比

2. 类似色对比

色相环中 90°范围内并含共同主要色素的颜色互为类似色，如以含黄色素为主的一组色：柠檬黄、淡黄、中黄、橘黄等；以含蓝色素为主的一组色：湖蓝、天蓝、蓝紫色、蓝绿色。类似色的色相非常接近，色相距离 30°左右的类似色对比为色相的弱对比。它具有柔和、和谐、雅致和含蓄的效果，但也易使人感觉单调、模糊、乏味、无力，因而必须调节明度差来加强效果。在表现类似色的微妙对比的色彩画面上，可以以一种色相为主，以形成画面的主调（图 3－40）。

图 3－40　《绿》东山魁夷

色相对比距离约 60°时，则为比较弱的对比类型，如黄色与绿色对比等。其效果既丰富、活泼，又不失统一、雅致、和谐的感觉（图 3－41）。

当色相对比距离约 90°时，对比就转为中对比类型，如蓝色与黄绿色对比等，其效果明快、活泼、饱满、使人兴奋，既有相当力度，但又不失调和之感（图 3－42）。

图 3-41 《延伸的麦地》詹建俊

图 3-42 《山村》罗尔纯

3. 对比色对比

色相环上的距离约 120°的颜色互为对比色。对比色之间必然存在明显的冷暖对比，为强对比类型。如红与黄、橙黄与黄绿、橙与紫、黄与蓝等色组，具有强烈、醒目、明快、活跃、使人兴奋激动等特点。由于对比色相缺乏共性因素，容易出现不易统一而显得杂乱，使人视觉疲劳。对比色相的倾向性也较为复杂，不容易形成主色调，要取得好的色彩配置效果，则需要采用多种色彩调和手段来统一对比效果（图 3-43）。

图 3-43 《黄沙发》伊兰斯

4. 补色对比

一个原色和另外两个原色合成的间色，互称为补色。在色相环上角度最大呈 180°的相对两色互为补色，如红色与绿色、蓝色与橙色、黄色与紫色是三个最基本的补色（图 3-44）。补色在色相环中遥遥相对，为极端对比类型。互为补色的两色放在一起，产生强烈的对比，各自突出自己的色相。如红色与绿色并置，红的更红，绿的更绿。补色对比是强对比，它们既互相对立，又互相需要。当它们配置在一起时，能相互表现最强的鲜明性（图 3-45）。其效果强烈、炫目、响亮、极有力，但若处理不当，易使人产生幼稚、原始、粗俗、不安定、不协调等不良感觉。可以在色彩的面积上，以一种色相为主，以形成画面的主调。

图 3-44 补色对比

12 色相环中相距 150°的两色匹配所形成的色调，即色相环中隔四色的两色匹配，如红橙与绿、红与黄绿、紫红与黄等，也是较强对比的类型。这种对比强烈刺激、响亮生动、色彩感强（图 3-46）。

图 3-45　补色对比

图 3-46　《草地上》罗尔纯

（二）明度对比

明度对比就是色彩的明暗程度的对比。两种以上色相组合后，由于明度不同而形成的色彩对比效果称为明度对比，如普蓝和柠檬黄对比，前者深后者浅。明度对比是色彩关系中最重要的因素之一，是决定色彩效果感觉明快、清晰、沉闷、柔和、强烈、朦胧与否的关键。色彩的层次和空间关系主要依靠色彩的明度对比来表现。色彩匹配时，只有色相的对比而无明度的对比，图形的轮廓难以辨认。

明度对比的强弱取决于色彩的明度差，从最黑到最亮可分为 9 阶，通常把1～3 阶划为低明度（低调），4～6 阶划为中明度（中调），7～9 阶划为高明度（高调）（图3-47）。其中高明度色调（如白、浅灰）具有明快、轻盈、柔弱、单薄的特点，因色彩过量而色彩感不强烈（图 3-48）。低明度色调为暗色组成的基调，具有沉静、

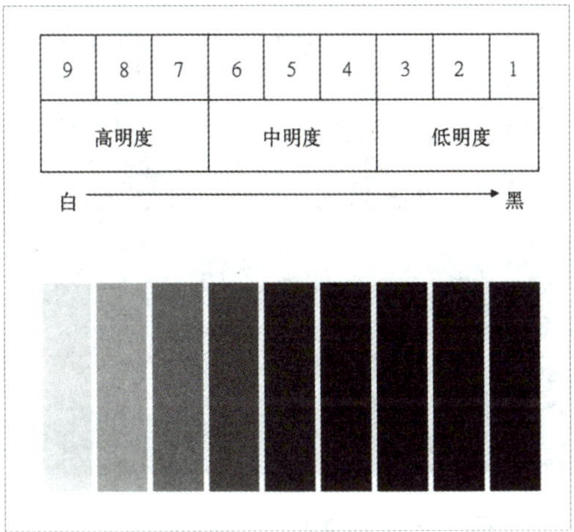

图 3-47　明度的基调

图 3-48　《戴着背羽帽的女士》克里姆特

厚重、迟钝、忧郁的感觉，色彩感亦不强（图 3－49）。中明度色调具有柔和、含蓄、优雅、稳定的感觉，尽显色彩美感（图 3－50）。

图 3－49 《西藏组画》陈丹青

图 3－50 《艾蒂儿·布洛赫-鲍尔肖像一号》克里姆特

在选择色彩进行组合时，当基调色与对比色间隔距离在 5 级以上时，称为长（强）对比——长调，当间隔距离为 3～5 级时称为中对比——中调，当间隔距离为 1～3 级时称为短（弱）对比——短调（图 3－51）。

据此可划分为九种明度对比基本类型，又称明度九调（图 3－52）。

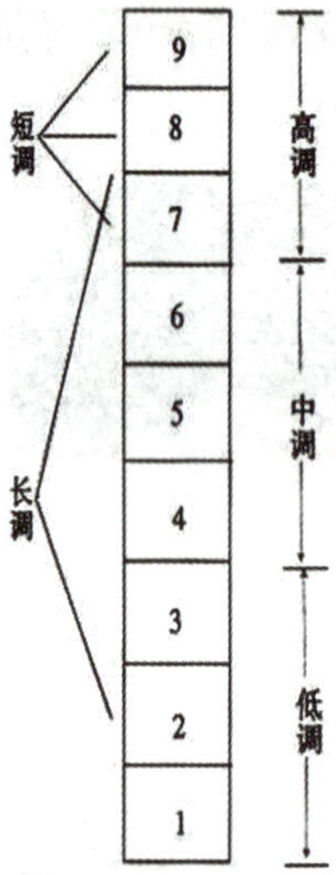

图 3－51 明度对比调子

图 3－52 明度九调

（1）高长调：如 9＋8＋1 等，该调以高明度色作基调，明暗反差大，感觉刺激、明快、积极、活泼、强烈。

（2）高中调：如 9＋8＋5 等，该调明暗反差适中，感觉明亮、愉快、清晰、安定。

（3）高短调：如 9＋8＋7 等，该调明暗反差微弱，感觉优雅、柔和、软弱、朦胧、女性化。

（4）中长调：如 4＋6＋9 或 7＋6＋1 等，该调以中明度色作基调，用浅色或深色进行对比，感觉强硬 、稳重中显生动、男性化。

（5）中中调：如 4＋6＋8 或 7＋6＋3 等，该调为中对比，感觉较为丰富。

（6）中短调：如 4＋5＋6 等，该调为中明度弱对比，感觉含蓄、平板、模糊。

（7）低长调：如 1＋3＋9 等，该调以低明度色作基调，深暗而对比强烈，感觉雄伟、深沉、有爆发力。

（8）低中调：如 1＋3＋6 等，该调深暗而对比适中，感觉保守、厚重、朴实、男性化。

（9）低短调：如 1＋3＋4 等，该调深暗而对比微弱，感觉沉闷、忧郁、神秘、恐怖。

另外，还有一种最强对比的 1＋9 最长调，感觉强烈、单纯、生硬、锐利、炫目等。

（三）纯度对比

由于纯度不同而形成的色彩对比效果称为纯度对比，纯度对比是色彩对比的另一个重要方面。纯度对比是决定色调感觉华丽、高雅、古朴、粗俗、含蓄与否的关键。

色彩的纯度就是色彩的鲜灰程度，纯度对比是指较鲜艳的色与较模糊的浊色的对比。颜色的鲜艳与灰只有在比较下才能识别，纯色与复色相邻，纯色显得更纯，复色显得更灰。低纯度色彩和高纯度色彩配置在一起，能够突出高纯度色彩的视觉效果。

加强色彩艺术的感染力，不一定要依赖色相对比，有时即使把很多鲜艳色彩堆砌在一起，也未必能取得生动的效果。因为鲜艳之色并列，有时会互相排斥、互相削弱，结果都不鲜艳。在一片灰性色调中，虽然只是点缀某种高纯度色块，但是会显得十分动人。当色调出现苍白无力和干枯乏味的现象时，除了调整色彩间明度对比关系以外，使用纯度对比也是增添绘画作品生气的重要手段（图 3－53）。降低色彩纯度的方法主要有三种：

（1）加白与加黑：纯色混合白色，可以降低纯度，提高明度，同时色性偏冷。如曙红加白成带蓝味的浅红，黄加白变为冷的浅黄，各种色混合白色以后都会使色性偏冷。纯色混合黑色，既降低了纯度，又降低了明度。各种颜色加黑以后，会失去原有的光彩，而变得沉着、幽暗，同时大多数会使色性转暖（图 3－54）。

图 3－53 《国王的悲伤》（纯度对比）马蒂斯

图 3－54 色彩加白、加黑降低纯度

（2）加灰：纯色混入灰色以后，纯度逐步降低，色味迅速变得浑浊。相同明度的纯色与灰色混合，可以得到丰富的相同明度、不同纯度的含灰色。含灰色具有柔和、软弱的特点（图 3－55）。

图 3－55 加灰降低纯度

（3）加互补色：任何纯色都可以用相应的补色掺淡。纯色混合补色，实际上相当于混合无色系的灰，因为一定比例的互补色混合也会产生灰，如黄加紫可以得到不同的灰黄。如果互补色相混合，再用白色淡化，可以得到各种含灰色调（图 3－56）。

（四）冷暖对比

利用色彩感觉的冷暖差别而形成的色彩对比称为冷暖对比（图 3－57）。色彩的冷暖对比在色彩艺术中具有丰富的表现力，是几种色彩对比中最为强烈的对比。冷暖对比是相对而言的，把绿色放在黄绿色中，绿色成为冷色，把绿色放在蓝色中，它就显得暖了。冷暖对比也有强弱之分，冷暖对比色在色环上的两端，冷极色蓝、暖极色橙形成冷暖的最强对比；在色环上的冷暖越临近的颜色对比中其冷暖对比就越弱。

图 3-56　含灰色调

图 3-57　冷暖对比

在视觉上，冷暖对比可产生美妙、生动、活泼的色彩感觉。冷色和暖色能产生空间效果，暖色有前进感和扩张感，冷色有后退感和收缩感，在艺术表现中，冷暖色都有丰富的精神内涵，使用了冷暖对比色可使画面更加有层次感。

运用色彩的冷暖对比不仅可以增强远近距离感，而且可以加强色彩的艺术感染力。色彩的明度对比虽然能强化素描层次，但是易单调、乏味，如果同时采用冷暖转换或冷暖对比调节画法，那么色彩效果就显得更生动、活泼（图 3-58）。

图 3-58 《水乡·秋韵》陈逸飞

（五）色彩面积对比

色彩面积对比是指各种色彩在构图中所占量的对比。

将两个色彩强弱不同的色块放在一起，若要得到对比均衡的效果，必须以不同的面积大小来进行调整，弱色占大面积，强色占小面积，色彩的强弱是以其明度和纯度来判断的。实验证明，同样面积的黄色与紫色相比，黄色比紫色强三倍（图 3-59）。

图 3－59　面积对比

一种色彩是否能形成画面的主色、主调，它在整个色彩区域与其他色面积的比例起决定性的作用。当一种色彩或以这种色彩为主构成的色调在画面上占有最大面积时，画面的色调就随之形成。反之，要改变一幅作品的色调，基本手段就是改变色彩的占有面积。

在色彩对比中，面积的变化对对比的影响至关重要，色彩面积对比可以变更和加强任何其他的对比效果。如果感觉画面中某色太跳，而另一色力量不够，难以在视觉上引起注意，那么除了改变色相、纯度、明度外，变化色彩所占面积就至关重要了。在某些时候大面积的色块是为了突出小面积色块，如“万绿丛中一点红”（图 3－60）。可以说，各种色彩在画面中所占的面积比例变化和差别所引起的色相、明度、纯度、冷暖等方面的对比为面积对比。

（六）同时对比

同时对比就是同时看两种色彩，这两种色彩会互相影响而产生不同的对比效果。

色彩是只有在对比中才存在的。一种色彩会因为与周围色彩的关系发生改变而产生变化。比如同样的一块灰，放在黄底上，呈紫味；放在紫底上，呈黄味；放在绿底上，呈红味；放在红底上，则呈绿味。同一种色在不同的色彩环境中，其视觉效果不尽相同，色相、纯度、明度的感觉都会发生变化（图 3－61）。

图 3－60　《夜奔》何多苓

图 3－61　同时对比

可见，色彩同时对比时，亮色与暗色相邻，亮者更亮，暗者更暗；灰色与艳色并置，艳者更艳，灰者更灰；冷色与暖色并置，冷者更冷，暖者更暖。补色相邻时，由于对比作用强烈，各自都增加了补色光，色彩的鲜明度也同时增加（图 3－62）。

图 3－62－1 同时对比

图 3－62－2 同时对比

（七）色彩调和

色彩组合所产生的感觉虽然千变万化，但归纳起来，无非是对比与调和。将两种以上的色彩放在一起进行比较，称为色彩对比。色彩调和则通常是指色彩的明暗、纯度、冷暖、面积等比例和秩序应该符合视觉审美的心理要求（图 3－63）。

对比与调和又可以看成是一个矛盾的两个方面，这两者之间很难划定绝对界限。如果说色彩对比是色彩的普遍现象，那么色彩调和则是伴随着色彩对比的另一种表现形式。所以说，“对比”是绝对的，“调和”则是相对的。“对比”与“调和”是互为依存的矛盾的两个方面，减弱对比就能出现调和的效果。实际上，讲了对比就等于同时讲调和，在阐述各种对比的同时，也说了一些防止或挽回对比过分的方法，虽然用的是对比手法，得到的却是调和效果。其实，在自然界里，对比的最高境界也依然是调和与和谐。

图 3－63 《清晨的鲁昂大教堂》莫奈

第三节　装饰色彩

装饰色彩是指排除自然界中的光源色与环境色的影响，把自然界中的色彩关系综合、概括、抽象出来，利用色彩的对比手法进行色彩艺术的再创造。

装饰色彩与写生色彩有互通关系而无绝对区别的界限，它通常以写生色彩为基础，把自然色彩加以强化、变换和转移，摆脱对自然色彩关系的依赖，并带上一定的主观意愿和感情，以理想化的手法和浪漫的情调去自由运用色彩（图 3－64）。

装饰色彩在色彩运用中更多的是从构图上考虑，注重和强调色块之间的对比与协调关系，通过物象面积与形状、方向、动势来平衡色彩关系，在色彩整体中通过色相、明度、纯度的某种移动变化产生的节奏，以及通过色域产生渐变等方式，使形式的因素得到了加强（图 3－65）。

图 3－64　《梦想》毕加索

图 3－65　《百叶窗前的静物》詹尼斯

一、装饰色彩的特点与应用

（一）装饰色彩的特点

1. 平面性

装饰色彩的色彩造型不以立体的真实为原则，而强调简洁的色彩层次和平面上的形式美感，强调色块与色块的有序对比，以及形态色彩的主次、疏密与大小布局（图 3－66）。

图 3－66　装饰色彩的平面性

2. 构成性

装饰色彩强调色彩形态在构图中的作用以及颜

色之间的对比关系，强调从色彩的纯度、明度及色相的相互关系入手，将几块色彩按一定的法则组合成和谐的色彩整体，以给人强烈的视觉美感（图3－67）。

3. 简化

装饰色彩层次简洁、概括，通常是以概括与归纳的方式对物象色调进行简约化处理，使物象色彩获得最典型的结构，使之单纯化、本质化，使色彩达到纯净、优雅的装饰效果（图 3－68）。

图 3－67　装饰色彩的构成性

图 3－68　装饰色彩的简化

（二）装饰色彩的应用

装饰色彩的应用讲究的是色彩搭配产生的美感，而不是拘泥于现实生活的色彩特点。各种色彩在构图中的面积、形状、位置以及色相、纯度、明度和心理刺激的差别，构成了装饰色彩之间的对比。这种差别愈大，对比效果就愈明显，减弱这种对比，效果就趋于缓和。这种色彩对比的作用在装饰色彩构图中是客观存在的，只是在表现形式上有时强，有时弱。装饰色彩的魅力也常常体现在色彩对比因素的微妙表现上（图 3－69）。

图 3　69　《幸福鸟》丁绍光

二、装饰色彩的调色方法

（一）装饰色彩的调色

装饰色彩来源于自然，但它并不受自然色彩的限制和束缚，创作者可以在自然色彩的基础上加以概括、夸张，大胆地进行主观想象和创造，以让自然色彩达到理想状态，让色彩艳的更艳、灰的更灰、暗的更暗、响亮的更响亮，夸张的意识来源于对生活的独特感受，夸张的表现是情感的集中表现。装饰色彩可以通过以下几种调色方法来达到预想的效果：

1. 强调和谐

可以把相似的、邻近的色彩相调和，促成其色调的统一和谐（图 3－70）。但切忌色彩明度过于接近，因为这样会导致画面形象辨认不清。

2. 强调对比

运用色彩对比关系将性质完全不同的、有明显差别的色彩，通过整体协调达到画面的和谐统一（图 3－71）。

图 3－70　强调和谐

图 3－71　强调对比

3. 特性色的使用

任何一种颜色都可以和属特性色的黑色、白色、灰色调和，以取得协调的效果。用线或用小面积特性色色块来间隔对比色块，使之既明快艳丽，又不失整体协调，比如过冷或过暖的色块可用黑白线或黑白色块来调和（图 3－72）。

4. 高度概括

两三种色或四色的组合是追求理想色彩的选择。色彩简化，尽量减少色彩层次。色彩与形体是一个统一体，对色彩的高度概括，也就是对形态的高度概括（图 3－73）。

（二）装饰色彩的同种色运用

同种色中的微妙对比，实际上是同一色相中明暗、艳灰的对比。由于选用的各色具有色相的同一性，不存在色相对比因素，因而只能是各色的艳与灰或明与暗的对比，即实际是同一色相的纯度或明度的对比。它具有色相单纯、朴素、柔和的特性，为了避免单调，可以通过“小间隔”或加入对比色点缀的方法取得调和（图 3－74）。

图 3－72　特性色的使用

图 3－73　高度概括

图 3－74　同种色运用

（三）装饰色彩的对比色运用

对比色之间必然存在明显的冷暖对比。如红与黄、橙黄与黄绿、橙与紫、黄与蓝等色组，具有明快、饱满、华丽、活跃、使人兴奋激动的特点。由于对比色相缺乏共性因素，所以容易出现散乱，造成视觉疲劳。对比色相的倾向性也较为复杂，不容易形成主色调，所以要取得好的色彩配置效果，则需要使用色彩调和手段来统一对比效果。

1. 从色块面积看对比色

色彩的面积对比是指各种色块在构图中占据的量的比例关系，这是一种多与少、大与小之间的对比。这种对比与色彩本身的属性并没有直接关系，但对色彩效果的作用非常大。用色面积要有主次之分、大小之别，如果色块并置缺乏变化会使人感觉单调，通过画面中色彩面积的大小对比，可使整个画面的色彩关系取得一种均衡、和谐（图 3－75）。

2. 从整体色调看对比色

由于对比色的色相差异较大，为了取得整体色调的协调，需要在纯度和明度方面形成共性，以色调的一致性来促进调和。

任何一种色彩都可以同黑色、白色或灰色调和，也都能同任何有彩色调和。无数可能的混合色构成了色彩王国的丰富变化。对比与调和是互为依存的矛盾的两个方面，减弱对比也就能出现调和的效果（图 3－76）。

图 3－75　色彩的面积对比

图 3－76　整体色调的协调

三、装饰色彩画面的处理方法

我们在学素描时，已十分强调“整体观察”，装饰色彩是用色彩塑造形体，各种色相亦有不同的明暗深浅，仍然要“整体观察”，要使局部服从整体、次要服从主要。这种方法在作画过程中一刻也不能忘记。

我们在运用色彩学规律着色时，要仔细观察，不仅要对色彩变化有敏锐的洞察能力，还要有相当的审美能力。这种把握色彩能力的培养，主要是通过绘画实践完成的。要多画，同时也要多看、多分析名家的优秀作品，从而努力提高自己对色彩的欣赏水平和应用能力。

初学色彩画的人首先遇到的问题就是看不出颜色，或者看到颜色而调配不出来，这固然有缺乏调配颜色的经验的原因，但是对大多数人来说真正的问题在于存在一种孤立地寻找颜色的习惯。色相差距较大的物体，色彩容易识别，而色相差距较小的色块，不仔细观察和比较，是很难确定其倾向性的。

其实，比较是鉴别色彩的前提，克服色彩观察方法片面性的根本办法就是作比较，比较主体与邻接色之间不同的色彩倾向关系、比较画面本身的明暗冷暖关系等，从而抓住画面色彩的基调，然后再进一步处理局部的色彩关系。只有这样才能逐步提高对色彩的识别能力和感觉能力（图 3－77）。

（一）比色调

确定画面色调的目的是确定调子的明度、冷暖和色相的倾向，使描绘的内容形成一定的气氛特征。在装饰色彩中，不同的物体有着不同的色彩区别，往往面积大的色块或扩张性强的颜色占主导地位，其余色彩则起着补充和协调作用，形成统一的色彩整体（图 3－78）。

图 3－77　装饰色彩的处理

图 3－78　比色调

（二）比明度

明度，就是黑、白、灰的层次。这里的黑、白、灰是指相当于黑、白、灰的色度。画面如果缺乏最深色或最淡色，往往显得软弱无力，但层次过多，没有概括，也会出现灰暗无力的状态。作画时要根据对客观对象的认识与理解，将客观对象的无数层次概括压缩到几个层次，做到色度正确，使画面效果显得丰富（图 3－79）。

（三）比冷暖

在同类明度的色层中进行冷暖的比较，有的颜色偏蓝、偏紫、偏绿，有的颜色偏红。用比较的方法，进行冷暖对比，抓住整体色调和整体色彩的冷暖关系，使画面整体统一、对比强烈（图 3－80）。

图 3－79　比明度

图 3－80　比冷暖

第四节　装饰画

装饰画是根据作者的主观意识和自我需求用装饰的手法对客观形象和色彩进行必要的归纳、取舍、夸张，从而获得新的形象和意境的一种绘画。

装饰画是非常讲究与环境的协调和美化效果的特殊艺术类型作品，其内容特点是侧重于欣赏，在造型上的表现是有一定幅度的图案化夸张，在色彩上的表现则为追求平面空间的对比关系变化。

一、装饰画的表现特点

（一）夸张变形

夸张变形是指以夸大局部特征为主的变形，它一般是在简化的基础上，对物象最典型的部位或特征加以夸张放大，即根据需求进行人为的扩大、缩小、伸长、加粗、变细等艺术处理，强调它的特征，使其更具装饰性。夸张变形并非随心所欲，是作者对物象的感受和理解，其目的是更加鲜明地突出事物的特征而凸显装饰形态（图 3－81）。

图 3－81　夸张变形

(二) 平面造型

平面造型是体现装饰画形式美的重要手段。装饰画在表现客观的立体物象时，可以根据作者的主观需要，在造型上进行平面化处理，使画面物象在形式构成与画面秩序的要求下呈现完全的平面效果，从而产生单纯而强烈的形式美（图 3-82）。

装饰画的构图更是着力于平面造型形式美感的表达。它更多的是从画面的总体构成来考虑，而不是进行如实表现。如画静物时，往往将一组静物的形状通过辅助线组合概括在平面的一定几何形态之中，按照主观意愿，运用穿插、结合、并列等方法将各物体放置在合适的位置上，从而达到构图的形式美（图 3-83）。

图 3-82　平面造型

图 3-83　构图的形式美

二、装饰画的表现方法

1. 单线平涂法

单线平涂法亦称勾线填色法，是装饰画中最为常用也最具代表性的一种手法，它有两种制作方法：一是先勾线后填色，二是先涂色后勾线。这种方法以线造型，着色留线，易产生平面感较强的装饰效果。勾线的作用是明确形体、协调色块、确立层次，线的处理应注意疏密、长短、形态的变化（图 3-84）。

2. 程式法与序列法

程式是形式高度概括、夸张的体现，如我国戏剧脸谱的用色就具有典型意义（图 3-85）。序列在装饰色彩中的表现方法主要是指几种色彩反复、连续或推移使用（图 3-86）。

3. 色调统一法

采用某种色相形成色调，如绿色调、黄色调、红色调、紫色调，每一种色调又与色彩构图设计紧密相关，它是色彩心理与情感的表达方式（图 3-87）。

图 3-84　单线平涂法

图 3-85　程式法

图 3-86　序列法

图 3-87　色调统一法

4. 抽象表现法

这种方法是对自然原型进行独创性的分解、解构、重构的创造过程。如以几何图形构成画面，在抽象表现中，点、线、面是最基本的形态要素。运用点线面的规律可以创造出无数“有意味”的抽象图形和画面结构（图 3－88）。

图 3－88　抽象表现法

5. 金、银色与黑、白、灰色的运用

金、银色因其闪烁的光泽、绚丽迷离的特殊效果而在装饰色彩中成为一种重要的手段，使画面具有一种特殊的装饰效果（图 3－89）。黑、白、灰色因没有色彩倾向和冷暖之别，所以和金、银色或其他色彩相配合都能取得调和的效果（图3－90）。

图 3－89　金、银色的运用

图 3－90　黑、白、灰色的运用

三、装饰画参考资料（图 3－91 至图 3－103）

图 3－91

图 3－92

图 3 - 93

图 3 - 94

图 3－95

图 3－96

图 3 - 97

图 3 - 98

图 3-99

图 3-100

图 3－101

图 3－102

图 3－103－1

图 3－103－2

第五节　写生色彩

色彩写生是以客观事物为对象，结合色彩本身规律，准确、生动地反映视觉上的感受，客观反映自然色彩面貌的一种绘画色彩方法。写生色彩的客观反映是固有色、光源色、环境色等方面的因素相互影响而成的（图 3－104）。

图 3－104　写生色彩

一、固有色、光源色、环境色

1. 固有色

固有色指的是某一个物象在光线漫射的情况下（阴天或室内）给人的色彩印象，也叫概念色。固有色是人们对物体色彩的习惯看法，也是绘画中物象色彩的基本因素。

在色彩写生时，既不能不注意研究和表现光源色、环境色对物体固有色的影响，也不能不注意研究和表现在一定条件下物体的固有色。

2. 光源色

光源色也称条件色，是指光源的色彩倾向。各种光源发出的光，由于其光波的长短、强弱、比例性质的不同会形成不同的色光，而物体在不同光源、环境条件下所呈现的色彩也会有所变化。光源色越强，对物体固有色受光部分影响越大，甚至可以在很大程度上改变固有色，使物象色调倾向更加明显（图 3－105）。

图 3－105　光源色的影响

3. 环境色

环境色是指物象处在某一具体环境中受周围物体反射光影响而成的颜色，由于反射作用引起的物象色彩变化通常反映在物体的暗部，所以物体暗部受环境色影响较大。环境色虽然没有光源色强，但却很复杂，甚至有时也可在一定范围内改变物体的固有色（图 3－106）。

图 3－106　环境色的影响

任何物体都存在于空气之中，空气本身就是一种特定的光色氛围，对物象之间的色彩关系也有着很大的影响。这种因物体距离人的远近所造成的色彩变化规律叫作色彩透视。色彩透视的一般规律是近处色彩感强、颜色鲜艳，远处色彩感弱、颜色偏灰。这种情况在色彩写生中最为明显（图 3－107）。

图 3-107　色彩透视效果

初学者在写生时往往把物象的色彩看成是固定不变的，如梨是黄色的、纸是白色的等，他们看到的只是“固有色”，于是在受光部加白，在背光部加黑，把丰富多彩的物象只画成一种单调的颜色，这是对光源色、环境色等因素缺乏观察与分析的结果。在写生实践中，不能简单地用同类色的深浅来表现物体的明暗关系，而要充分考虑到光源色、环境色的影响，这样才能达到理想的光色效果。

二、写生色彩的变化规律

（1）物体亮部的色彩主要是光源色与物体固有色的混合，即光源色加固有色。如果光源色感强，则固有色弱；如果光源色感弱，则固有色强（图 3-108）。

图 3-108　光源色对物体色彩的影响

（2）物体高光的色彩基本上是光源色的反映，物体表面反向率越高，光源色调倾向越明显。室内写生时从窗外进来的散射光一般反映为天空的颜色，其基本上倾向于冷色。

（3）物体的半明部是侧向光源的面，它在受到侧射光照射的同时，也受到了环境反射光的影响，在明度上比亮部稍暗，在色相和冷暖的变化上更为复杂（图 3－109）。

图 3－109　物体半明部色彩的变化

（4）物体暗部反光的颜色受环境影响较强，它的色彩基本上是固有色加暗、加环境色。投影也比光源色相对暖一些（图 3－110）。

图 3－110　物体暗部反光受环境的影响

三、写生色彩感觉的训练

（一）注意光源色对物体色彩变化的影响

在色彩写生中理解光源色的规律是十分重要的。物体受到一定色调的光照后必然形成素描和色彩上的明暗冷暖的视觉效果。光源是冷色调，则受光部为冷色调，相比之下背光部比较暖；反之，光源为暖色调，则受光部即为暖色调，背光部为冷色调；中间色均为中性灰色。这是物体受光后在色彩变化上的一条基本规律，对于表现整个物体起决定作用。在掌握运用这条规律时应注意：所谓光源色调或冷或暖，是指色彩的倾向，并不能简单理解为群青、普蓝或者土红、橘黄等。

物体受光以后的明暗冷暖是互相比较以后的结果，不能只看到光源的色调，还应考虑到物体固有色和环境色的因素，具体的色相取决于总体上它们的对比效果（图 3－111）。

图 3－111　光源色对物体色彩变化的影响

（二）分析环境色对画面色彩的影响

色彩写生中应当仔细观察分析每一个块面对应的环境色所给予的某种色彩倾向。也就是说对环境色的理解还必须注意到，物体上每一个块面的转折也应是一种颜色的转折。

在色彩关系中除了色彩的互相反射影响外，还有色彩的互相牵制、互相加强、互相衬托的作用。例如黄背景前的物体带紫调，强烈的暖光背景下的主体物又常常调子偏冷等（图 3－112）。这一切构成了整个画面互相关联、互相牵制的色彩关系。一幅色彩画，若抽掉具体的形象、空间、体积等，从色块对比关系来看，就变成单纯的色彩结构。这种色彩结构既要符合对象的色光影响，又要产生一定的美感。初学者往往只单纯地注意物体的形状、空间，而忽略大的色彩构成关系，因而常常达不到理想的效果。

图 3－112　环境色对画面色彩的影响

（三）克服习惯性的固有色观念

固有色是一种色光的反射，它的存在是与条件色紧密相关的。严格地说并不存在固有色，也很难说物体哪一部分更多地反映了固有色的本来面貌。但是人们又常常习惯于排除各种条件色的影响，而去片面寻求物体本身的固有色彩。例如，一画到苹果，就想到苹果的红色、绿色等。事实上不仅有红色的苹果，而且在不同色光的影响下，绿色的苹果也可能变成黄色或者偏向蓝色。仅仅凭主观上的概念、想象作画，是造成色彩公式化、概念化、简单化的根源，无助于提高我们对色彩的感觉能力（图 3－113）。

图 3－113　克服习惯性的固有色观念

克服习惯性的固有色观念，除了在理论上要解决固有色与条件色的关系外，根本的办法还是在于多比较，除了注意大色块比较、明暗比较外，还应注意同类色之间的比较。

四、色彩静物写生

色彩静物写生是色彩入门最好的练习，稳定的光线、静止的对象、安定的室内环境，都有助于初学者进入良好的学习状态。色彩静物写生不仅是很好的色彩基础练习，而且静物画本身也是一个独立的画面，具有独特的审美价值。古今中外不少绘画大师都拥有静物画杰作。

（一）色彩静物写生的目的要求

静物写生画要求表现在一定光线下物体的形状、线条、色彩、质地、空间等各种因素的和谐与统一，通过各种物体的巧妙组合，让人们体验到形与色的节奏和韵律，从而得到一定的美感享受。

色彩静物写生应达到三个要求：（1）了解和熟悉绘画工具的性能和使用方法；（2）初步养成把握对象色彩关系的正确的观察方法；（3）学习和研究一些特殊的表现技法。其中最重要的是要掌握正确的观察方法。

（二）色彩写生中静物布置的色彩搭配

1. 同类色搭配

不论是主体物还是背景色调，基本上是同类色。例如冷褐色的罐子与冷色的背景等。这种同类色对比的画面往往比较协调，但要注意拉开黑白灰距离，使画面更有生气（图 3－114）。

图 3－114　同类色搭配

2. 冷暖色搭配

用蓝色包围橙色，或者用橙色包围蓝色。这种对比要注意在面积上拉开距离，也可以考虑把一方演化为同类色的组合。例如橙色与群青搭配，可以把群青演化为湖蓝、灰绿等，或者把橙色演化为土黄、橘黄、土红等。

3. 互补色交错搭配

这种色块搭配，往往要求在背景色上与之相呼应，使画面达到一定的均衡（图 3－115）。

图 3－115　互补色交错搭配

在色彩方面，可以先从调和色的组合开始，逐渐过渡到互补色的组合。各种色彩组合的构图形式——亮色包围暗色、暗色包围亮色以及冷暖交错组合等，都应接触到。

（三）画面色彩的处理方法

学素描和装饰画时，我们已十分强调“整体观察”。色彩写生仍然要“整体观察”，切勿孤立地、片面地去观察（图 3－116）。要养成画主体看背景、画右边看左边、画上部看下部的习惯，以及在主体与邻接色之间，在对象本身的明暗冷暖关系中，在远近层次、上下左右的反复比较中把握和摆正色彩关系的习惯。

1. 抓住画面色调

观察色彩首先要敏锐地抓住画面整体色彩的基调——色调，然后再进一步处理局部的色彩关系。色彩的大关系正确与否，对一幅画的成败起着重要作用（图 3－117）。确

图 3-116　整体观察

定画面色调的目的是确定调子的明度、冷暖和色相的倾向，使表现的内容形成一定的气氛特征。

图 3-117　色彩的大关系——色调

在写生色彩中，不同固有色的物体被某种光源色笼罩着，在光源色的作用下，各物体的受光颜色带有同一的色调倾向，物体之间相互反射的色光，又使物体的暗部和半明部统一在一定的色彩关系之中，从而形成统一的色彩基调。

2. 比较明度层次

比较明度层次，就是比较色彩的明度——画面的黑、白、灰的层次。画面如果缺乏最深色或最淡色，往往显得软弱无力，但层次过多，没有概括，也会出现灰暗无力的状态。要根据对客观对象的认识与理解，将客观对象的无数层次概括压缩到几个层次，只有做到明度正确，画面效果才会显得丰富（图 3-118）。

图 3－118　明度层次

3. 注意冷暖变化

以黑、白、灰色块分析为基础，在同类明度的色层中进行冷暖的比较，如同样是黑色块，有的偏蓝、偏紫、偏绿，有的偏红。这样一来，黑色就有了冷暖对比，灰色和白色也是如此。比较方法，就是我们常说的“明暗相同比冷暖，冷暖相同比深浅”。在作画过程中要抓住整体色调、整体黑白灰和整体的色彩冷暖关系，使画面整体统一、对比强烈（图 3－119）。

图 3－119　冷暖变化

（四）色彩静物写生步骤

1. 定构图与打轮廓

在静物画构图中，光线、色彩、形态等方面的变化和统一是不可分割的，在作画之前就应该有较全面的观察分析，这样在作画时才能更好地掌握主动、避免盲目性。构图的总的要求是把写生对象较好地安排在一定长宽比例的画面上，使该组静物的主体突出、位置适当、主次分明（图 3－120）。这在很大程度上取决于写生对象的巧妙组合。因此，动笔前要进行认真的观察和分析，对构图上的对比和均衡、物象的主次、色块之间的安排、画面总的色彩调子等进行分析，同时还要注意色彩黑白明暗和色彩冷暖的布局。

图 3－120 静物的构图

确定画面构图后就开始打轮廓。可根据画面的色调，用单色把物体的形体关系、大体明暗关系概括地、肯定地画出来。常用的色彩有赭石色、熟褐色、群青色等。单色定稿的作用是修改形体、加强明暗关系和底色（图 3－121－1、图 3－121－2）。

图 3－121－1 打轮廓

图 3－121－2 铺大体明暗

2. 铺大体色块

根据第一印象和大的色彩关系，将大色块及关键的色块迅速表现出来。着色时应该首先画色彩的大关系，色彩力求概括而不要拘泥于细节或细部，着色可以先从暗部开始，然后画中间色调，再画画面上的亮色。这种方法比较容易控制画面的明暗关系和明暗层次（图 3－121－3）。

铺色彩大关系时宜用大笔而不宜用过小的笔，应时时注意色块与色块之间的明度对比、大的冷暖对比或同一色相的冷暖对比。色彩力求概括，在画暗部时要尽量少用白色，用色要薄且透明，同时要注意暗部的色相、冷暖对比以及与环境的联系。

3. 深入刻画

画出物体的“三大面五大调”的色彩层次变化，主要表现物体的形体结构、质感、空间感。既要注意形体的准确，又要画好色彩，使形、色自然地结合起来（图 3－121－4）。

图 3-121-3　铺大体色块

图 3-121-4　深入刻画

在此阶段中可以从主体物入手，但要求整体观察，注意整体感（整体着眼，局部入手）。可以先观察色彩，落笔时注意形体塑造，在塑造形体时要注意形体周围的色彩对比，同样，画背景时要看前面的形体，因为背景的色彩与形体的色彩是相互作用的，因此不能轻视它。画形体既要注意形体与形体之间的明暗冷暖关系，同时又要与背景比较色彩关系，在表现局部时，注意力应不断地与周围环境联系起来，以免破坏整体关系。用色要干一些，亮面可画得厚一些。主要物体和前景应该画得色彩丰富，用笔要肯定、对比要强烈、形体要明确。最后画出物体的高光、反光以及最暗处的色彩，并要注意色彩的冷暖变化（图 3-121-5）。

深入刻画不等于把物体全部重新画一次，在第一遍着色时已经达到的色彩效果可以保持下来。

4. 统一与调整

深入刻画是对每一局部的刻画，完成后再看画面整体往往会发现各局部之间有互相冲突或互相脱节的地方。这时就要仔细分析、比较主体和背景，看看各自的明度、色相、冷暖和物体前后的虚实关系，将画面调整为统一的整体关系，把一些烦琐零乱的细节整理一下。调整画面并不需要面面俱到，要善于处理主次关系（图 3-121-6）。

图 3-121-5　深入刻画时注意色彩的冷暖变化

图 3-121-6　统一与调整

本阶段的重点是使画面的整体关系更加协调。要多看多想，比如妨碍色调统一的色彩要改正，为了突出画面的主体就必须把陪衬物的色彩或塑造减弱等。

总之，在静物写生时要注意整体比较观察，将色彩的明暗层次、冷暖对比作分析后再表现，使画面有序地构成整体。

本章小结

通过本章的学习，我们了解了色彩的原理，懂得了色彩的观察方法和调配方法，将观察与描绘统一起来、再现与创新统一起来、印象与联想统一起来，在学习色彩的过程中重要的是体验、感受，能结合本专业的需要并进行联想创造。

思考与练习

1. 色彩的功能是什么？色彩是如何形成的？
2. 色彩的基础知识包括哪些方面？有哪些表现方法？
3. 装饰色彩的特点是什么？
4. 什么是色彩的冷暖规律和变化规律？
5. 写生色彩的要求是什么？

参考文献和阅读书目

1. 伊顿．色彩艺术．上海：上海世界图书出版公司，1999
2. 黄国松．色彩设计学．北京：中国纺织出版社，2001
3. 陆琦．从色彩走向设计．杭州：中国美术学院出版社，2004
4. 文红．色彩构成．重庆：重庆大学出版社，2005
5. 龙宝章，龙嫚．装饰图形设计手册．北京：北京工艺美术出版社，2003

第四章

综合能力的培养

教育不能创造什么，但它能启发儿童创造力以从事于创造工作。

——陶行知

Mei Shu Ji Chu

本章导引

综合能力的培养，依赖于掌握最基本的应用美术知识，重在提高学生的实际运用能力。本章通过图案的学习，使学生发现设计元素，掌握和运用图案形式美的原理，用装饰的眼光去观察世界、去表现视觉形象。

了解儿童美术的特点，通过简笔画的训练，力求达到手、脑、眼的和谐统一，为今后教学能力的提高打好基础。

在平面设计的学习中，更强调实用性与综合性，更注重掌握最基本的应用美术知识，提高学生的实际运用能力，帮助学生具备小学教学中必备的基本综合能力。通过美术字、板报设计、广告、海报设计、贺卡设计与制作以及教学挂图设计与绘制的学习，激发学生动脑想、动手画、动手做，灵活运用材料、工具，促进学生各项素质的全面提高。

本章要点提示

1. 学习了解图案的形式美的原理与构成形式以及图案的设计与运用。
2. 了解和掌握儿童画与儿童美术的不同特点。
3. 学习简笔画的表现方法，了解简笔画在教学法中的作用。
4. 了解美术字的书写特点，学习美术字的写法。
5. 了解教学挂图在小学教育中的作用，学习教学挂图的创作方法。
6. 学习在实际工作中最常用的平面设计，如贺卡、黑板报、墙报、海报、广告等。

第一节　图案

一、图案形式美的原理

（一）图案的概念

图案是指有装饰意味的花纹或图形，由形象、色彩、结构三者构成，以构图整齐、匀称、调和为特点，多用在纺织品、工艺美术品和建筑物上（图 4-1）。随着时代的发展，图案领地不断拓宽，一般而言，我们可以把非再现型图形表现都称作图案，包括几何图形、视觉艺术、装饰艺术等。

图 4-1　阿拉伯头巾

（二）图案的类别

图案分类的方法很多。按所占空间分，有平面图案（如地毯图案）和立体图案（如陶瓷图案）。按装饰手法分，有写实图案、变形图案、具象图案、抽象图案、视觉图案等。按图案的结构分，有单独图案、角隅图案、适合图案、边饰图案、连续图案等。按装饰题材分，有植物图案、动物图案、人物图案、风景图案、器物图案、文字图案、自然现象图案、几何图案以及由多种题材组合或复合的图案。

（三）图案形式美的基本法则

总体上说，图案形式美的基本法则就是统一与变化的协调，是对立统一辩证法在艺术创造上的应用。

1. 变化与统一

变化是指图案中性质相异的各个组成部分并置在一起所造成的显著对比的感觉（图4－2）。统一是指由图案中性质相同或类似的各个组成部分并置在一起，形成具有一致趋势的感觉（图4－3）。

图4－2　变化

图4－3　统一

2. 对称与均衡

对称是同形同量的组合，是指在一假设的中心线（中心点）的左右或上下，图案的各构成因素呈同形、同色、同量的纹样。对称形式构成的图案具有重心稳定和静止庄重、整齐的美感（图4－4）。

均衡是异形同量的组合，是指在一假设的中心线（中心点）的左右、上下或周围配置不同形（或不同色）但量相同或近似的纹样。在图案设计中，这种构图生动活泼富于变化、有动感，具有变化美（图4－5）。

对称好比天平，均衡好比杆秤，是图案设计中求得重心稳定的两种结构形式。

图4－4　对称

图4－5　均衡

3. 对比与调和

对比是变化的一种形式，是指形、色、组织排列、技法、数、量、质地、感觉等图案构成因素的差异，可以取得醒目、突出、生动的效果。

调和是统一的体现，是指形、色、组织排列、技法、数、量、质地、感觉等图案构成因素的近似。

对比与调和是图案的基本技巧，是取得变化与统一的重要方法。对比与调和是矛盾的统一，是相对而言的，没有调和就没有对比，过分强调一方而失去另一方，会削弱和破坏图案形式的完美（图 4-6）。

图 4-6 对比与调和

4. 条理与反复

条理是“有条不紊”，是指复杂纷纭的自然物象的构成因素，经过概括和归纳，变得有规律和秩序，呈现出一种整齐美。反复是“来回重复”，是指同一形象因素的重复或有规律的连续排列，能产生富于统一感的节奏美。

条理与反复有着密不可分的联系。条理之中包含着反复的因素，反复则无一不体现着条理，离开了条理与反复，图案的造型和组织将成为不可能（图 4-7）。

图 4-7 条理与反复

在图案的连续性构图中，反复的特征最能得到完美的体现。连续性的构图是装饰图案的一种组织形式，它是将一个基本单位纹样作上下、左右重复地连续排列而成的连续纹样。这种有规律的排列、有条理的反复重叠交叉汇编，给人淳厚质朴、鲜明强烈的感觉。

5. 节奏与韵律

节奏是规律性的重复，是借用音乐的术语形容图案构成的诸因素有秩序、有条理地反复出现时所产生的节奏。

韵律是节奏的变化形式，是借用诗词的术语形容图案构成诸因素的条理与反复所产生的优美的律动感（图 4－8）。

节奏与韵律有着密不可分的联系。节奏决定着韵律的情调和趋势，韵律是节奏的丰富和发展。在特定的情调和趋势中，只有节奏与韵律相统一，才能在整体中形成完美的视觉效果（图 4－9）。

图 4－8　韵律

图 4－9　节奏与韵律

6. 比例与权衡

比例是指在图案设计中，形状的长短、面积的大小等存在着一定的规律，如黄金比例分割（图 4－10）、等比例分割等形式。

权衡是指总体性地把握构图的整体与局部之间的关系，使各元素之间的构成关系合乎情理。

比例与权衡体现在图案中是整体的比例和各局部的比例，从传统的黄金比例到现代的相等的、势均力敌的比例，都体现着不同时代的美（图 4－11）。

7. 统觉与错觉

统觉是指图形中最强部分或富于变化的部分在视觉上造成的同一感觉，是指人的注意转移产生新的知觉的现象（图 4－12）。

错觉是由于人眼观察物象、图形、色彩时产生的视觉眩晕感，而使心理产生与客观实际相矛盾的感觉（图 4－13）。

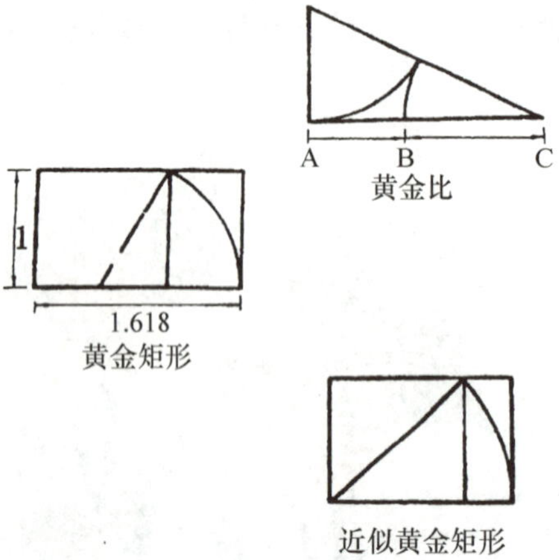

图 4-10　黄金比例分割

图 4-11　比例与权衡

图 4-12　统觉

图 4-13　错觉

二、图案的变化与构成形式

（一）图案的变化

图案的变化也称变形，是将自然形态转变为艺术形象的创造。它是根据不同的目的对现实形态（自然物及人造物）进行的艺术提炼和加工，给人强烈的艺术感染力，是纹样形成的主要手段（图4-14）。

图 4-14　图案的变化——适合纹样

1. 图案变化的目的

图案变化的目的：第一是突破自然的束缚，突出主题；第二是突出自然形态的特征，使之理想化；第三是突出设计的需要和艺术的多样性，使其符合工艺处理的要求。

2. 怎样变化

图案的变化可以归纳为写实变化和变形变化两种倾向。写实变化是以自然形象为主，给予适当取舍、修饰，按其生长结构规律保留完美的特征。变形变化则是突破自然形态，充分发挥想象力，大胆取舍加工，但也应不失自然形态的固有特征（图 4－15）。

图 4－15－1　月季花的写生

图 4－15－2　月季花的变化

图 4－15－3　月季花的变化

图 4－15－4　月季花的变化

图 4－15－5　月季花的变化

图 4－15－6　月季花的变化

3. 变化的方法

变化的方法很多，常见的有：

（1）简化法：也叫概括法，是最基本的变化法。它是在不失自然形象特征的前提下，力求达到造型上的简洁与单纯（图 4－16）。简化法就是抓住物象最美、最主要的特征，去掉烦琐的部分，通过归纳、概括、省略，使物象更单纯、完整，以加强整体特征的表现，创造出整体美感强的图案形象。

（2）夸张法：夸张是装饰变化的重要手段，是对物象的外形、神态、习性进行适度的夸大，强调、突出自然物象中能够引起美感的主要部分，使原有的形象特征显得更加鲜明、更加生动、更加典型、更有魅力。

夸张法与简化法是紧密联系在一起的，是一种手段的两个方向。夸张的前提是简化，简化的目的也是更好地夸张（图 4－17）。

图 4-16　简化法

图 4-17　夸张法

(3) 添加法：添加是超越自然真实形态的一种“变化”手段。它是在提炼、概括、夸张的基础上，根据需要在变化的图形上按主观设想添加一些具有特征、理想的装饰纹样，使得图案更加完美、更加丰富（图 4-18）。

图 4-18　添加法

(4) 几何法：几何法是以几何形造型。几何法抓住物象的特征，根据工艺制作和设计要求，把变化的物象处理成几何形，如三角形、圆形、方形等。这种变形的倾向是理性的，其逻辑性较强（图 4-19）。

图 4-19-1　几何法

图 4-19-2　几何法

（二）图案的构成形式

1. 单独式纹样

单独式纹样是指不与周围发生直接联系、具有相对的独立性，并能单独用于装饰的纹样（图 4－20）。单独式纹样分为自由纹样、适合纹样、填充纹样、角隅纹样、几何纹样等。

（1）自由纹样：不受轮廓限制、可以自由处理外形而单独构成和应用的纹样，其组织排列可分为对称的与不对称的两种形式。不管哪种形式，都要求外形完美、结构严谨、造型丰满（图 4－21）。

图 4－20　单独式纹样

图 4－21　自由纹样

（2）适合纹样：把图案纹样组织在一定的外形轮廓中（如几何形以及严整的自然物、器物的形），并且纹样和外轮廓相吻合的一种装饰纹样（图 4－22）。

（3）填充纹样：有一定的外轮廓，但纹样不受外形的严格限制，比适合纹样更为活泼、自由。它既可以适合某一部分的空间与边框，而其他部分作自由处理，也可突破部分边线，以求得丰富多样、生动活泼的效果（图 4－23）。

（4）角隅纹样：在带角形（如几何形和严整的自然物、器物的形）的角隅部分的装饰纹样，因大多数与角的形相适合，又称角适合纹样（图 4－24）。

（5）几何纹样：由抽象几何形、点和线组成，包括几何形本身的变化和几个基本形重叠、组合而成的复合几何形（图 4－25）。

2. 连续式纹样

连续式纹样是相对于单独式纹样而言的，它以单位纹样作重复排列，成为无限反复的图案，有二方连续和四方连续两种。

（1）二方连续：二方连续是以一个基本纹样或几个基本纹样组成单位纹样，向左右或上下两个方向有规律地重复排列，形成无限连续循环所构成的带状形纹样（图 4－26）。

图 4-22　适合纹样

图 4-23　填充纹样

图 4-24　角隅纹样

图 4-25　几何纹样

图 4-26-1　二方连续

图 4－26－2　二方连续

(2) 四方连续：四方连续是以一个单位纹样向上、下、左、右四个方向重复排列并可无限扩展的连续纹样（图 4－27）。

图 4－27－1　四方连续

图 4－27－2　四方连续

三、图案的设计与运用

（一）图案的制作技法

1. 点绘法

利用点的大小、疏密、浓淡、虚实、规则与不规则的变化来表现图案的方法，使形体得出虚实、远近晕变的特殊变化效果。点的大小应尽量均匀，否则整体效果会受到影响（图 4－28）。

2. 线描法

运用线的不同方向运动、围合、组合来表现各种形状图案的技法称为线描法。线的种类大体上可分为曲线与直线两种，如果再从线的数量和质量上加以变化，即在线的长短、疏密、断续、粗细等方面加以变化，就会出现虚实、刚柔、动静、缓急、轻重、华丽与朴实、活泼与严肃等各不相同、千变万化的线形（图 4－29）。

图 4－28　点绘法

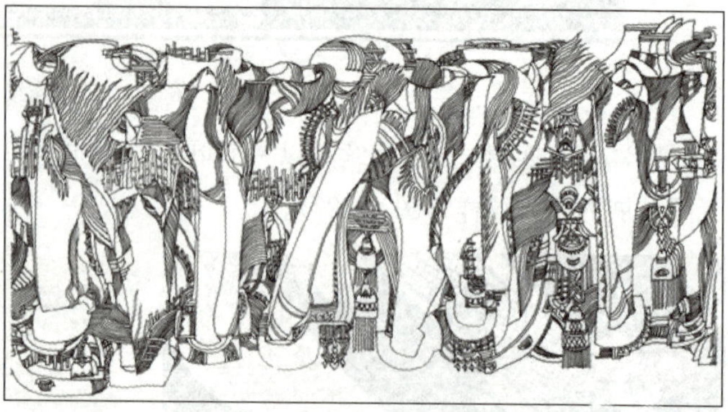

图 4－29　线描法

3. 单线平涂法

这种方法就是将平涂法与勾线结合起来运用，是图案表现中最常用的一种手法。根据画面设色分配和要求分别均匀地平涂在图案轮廓范围内，表现出图案色彩变化与层次关系后，再依其形而勾线。也可以先勾线再填色，称为“勾线填色法”。这种方法可使色彩平整、大方，能够突出图案的形态和结构特征，达到很好的画面效果（图 4－30）。

图 4－30　单线平涂法

运用单线平涂法要注意图案边线的整齐与完整。在着色时，画笔含色要适度，颜色要平整，要有秩序地顺势平涂。

4. 推移法

利用色彩的明度、纯度或色相的渐变推移，使图形色彩更加富有层次感，且整体又有变化（图 4－31）。

图 4－31　推移法

5. 渲染法

把图案纹样中的颜色，按色彩明度的深浅变化和色相的转变，采用没有边界线过渡的着色法，使形象具有富有立体感的明暗效果及柔和的色彩变化层次（图 4－32）。

图 4－32　渲染法

渲染法的具体方法是颜色涂好时用另一支笔蘸清水将颜色洗开，形成由深到浅的变化。

除了以上几种技法外，还有刮法、撇丝法、喷刷法、流淌法、扑印法等。一幅图案作品往往是几种技法的综合运用，这样才能达到更好的效果。

（二）图案的色彩运用

图案色彩不同于一般的写实色彩，它要求有很强的装饰性。每一幅图案的色彩需控制在一定的套色之内，给人的第一感觉应是色彩鲜明、对比强烈、套色简练而恰到好处。图案色彩无须模拟自然景物的色彩，而只要求色彩具有很明快的装饰效果。

1．色彩的配置

（1）同种色的配置：色相相同而明度不同的色彩配置，如大红、粉红。就是将一个单色调入白色或黑色，使画面色彩出现深浅变化的配置，这样画面既协调又统一，色彩虽单纯但很素雅。调此色调时要注意明度的深浅变化，面积比例应安排得当。切不可出现深浅失衡的效果，否则色调会过亮或过暗（图 4－33）。

（2）类似色的配置：与同种色配置相比，类似色的配置色彩选择变化相应多一些。这种调子的变化因色距较近，虽有变化但很容易协调。在很多图案的调子中，类似色的调子被普遍采用（图 4－34）。

图 4－33　同种色的配置

图 4－34　类似色的配置

（3）补色的配置：这是最强的色彩对比配置，其中红绿色对比在图案中最为常用，有“万绿丛中一点红”之称。这种配置色彩对比强烈、衬托性较强，两色在并置时如作些面积、强弱的变化或用中间色间隔等，效果会更好一些（图 4－35）。

（4）对比色的配置：对比色配置的色彩对比仅次于补色配置，如红与蓝、红与黄等。色彩效果也稍稍次于补色对比（图 4－36）。

图 4-35 补色的配置

图 4-36 对比色的配置

2. 画面调子的确立

(1) 明度调子：一幅画上的颜色，在明度上比例占得多的决定了调子性质，如以亮色为主称为高调，以暗色为主称为低调。其中高明度色调（如白、浅灰）具有明快、轻盈、柔弱、单薄的特点，因色彩过亮而色彩感不强烈。低明度色调具有沉静、厚重、迟钝、忧郁的感觉，色彩感亦不强（图 4-37）。中明度色调具有柔和、含蓄、优雅、稳定的感觉，色彩感柔弱，尽显色彩美感（图 4-38）。

图 4-37 低明度色调

图 4-38 中明度色调

(2) 色相调子：指以某一色或某一类色为主的调子，如暖色调（以红、橙、黄色为主）、冷色调（以蓝色系为主）。以红色为主的叫红色调，以紫色为主的叫紫色调（图 4－39）。

图 4－39　色相调子

（3）纯度调子：以高纯度色相为主的称为艳调（图 4－40－1），纯色加白而成的含灰色的色相称为灰调（图 4－40－2）。

图 4－40－1　纯度调子——艳调

图 4－40－2　纯度调子——灰调

在实际运用中，为了表现明快感，应以明度高的色相为主；表现庄重则运用低调；追求刺激感应运用暖调、艳调；追求平静感，就应运用冷调、低彩度的调子；求活泼要取色相对比与明度对比；求稳健时要用同种色相、类似色相和类似明度；求热闹要多用色相，求宁静时所用色相要少（图 4－41）。

图 4 - 41 - 1　纯度调子的运用

图 4 - 41 - 2　纯度调子的运用

（三）图案的实际运用

图案的运用非常广泛，如教学挂图设计、课件设计、海报设计、贺卡设计、邮票设计、火柴盒贴设计、商品包装设计、产品商标设计、企业标志设计等（图 4 - 42 至图 4 - 45）。

图 4 - 42　邮票设计

图 4 - 43　产品商标设计

图 4 - 44　企业标志设计

图 4 - 45　商品包装设计

第二节 儿童画与儿童美术

《辞海》对儿童年龄分期有明确的界定，根据不同年龄的儿童不同的形态、生理和心理特征，把六七岁到12岁的孩子划分在“小学儿童期”。因此，10岁以内儿童的绘画，只要是发自内心、带有儿童的心理和生理基本特征的，都叫儿童画。

儿童美术是指专为少年儿童创作的美术作品，多为少儿读物的连环画式插图。儿童美术与儿童文学相类似，是由成人为适应少年儿童的理解力和欣赏力而创作的。所以，儿童美术不同于儿童画，这是两个完全不同的绘画概念。

一、儿童画

1. 儿童画的造型特点

儿童画的造型，是在儿童自己直观感受的支配下进行的，带有强烈的感情色彩。因此，儿童画的造型具有主观性、夸张性、游戏性、随意性的特点，以一种自由的创作方式来表达儿童的主观意愿和想象。儿童的空间思维能力大多处于平面空间思维阶段，因此儿童画以线为主，或以线面结合的方式进行非写实性的描绘（图4-46）。

儿童画多采用平面构图，这样的构图，容量大，便于表现儿童的感受，因为儿童总是恨不得把自己知道的所有东西都搬到画面上去。平面构图可以让儿童在绘画中获得表现的快乐，享受着自由发挥、想象和创造的快乐（图4-47）。

图4-46 儿童画

图4-47 儿童画

2. 儿童画的用色方式

儿童画用色单纯、鲜明、强烈，不需要讲求真实、细腻的色彩表现。这是由于儿童对色彩的认识是单纯的，他们很少注意生活中丰富的多层次的灰色调。因此，儿童常常在色彩未经调和的情况下，大胆地使用对比色，用纯度较高的原色取得画面明亮的效果，形成明快、朴实、热烈的色彩风格。这种天真稚朴的、跳跃的、富有节奏感的色彩，与儿童画的造型特点有机地统一了起来（图 4－48）。

儿童一般通过蜡笔、油画棒、炫彩棒、彩色铅笔、水彩笔等多种用色材料完成绘画。油画棒是儿童画中常用的材料，它色彩鲜艳、使用方便，在儿童美术中普及率很高。炫彩棒的色彩浓烈、富有质感，能够使作品显得粗犷、奔放（图 4－49）。彩色铅笔能够表现出较为细腻的色彩层次，浓淡皆宜，使儿童在色彩和造型方面的潜力得到尽情的发挥。水彩笔色彩单纯、透明，适宜于表现明快、爽利的画面效果。

图 4－48　儿童画

图 4－49　儿童画

二、儿童美术与卡通画

1. 儿童美术

儿童美术包括图画书、插图（插画）和卡通漫画，主要以绘画的形式呈现，其形象生动、色彩明丽，具有一定的教育意义。儿童美术在表现形式上符合儿童的审美心理特点，童趣、夸张、变形和平面性等是其独特的艺术特征，对培养儿童的认知能力、审美能力和促进儿童人格发展有积极的推动作用。

大卫·麦基创造的“花格子大象艾玛”形象，深受世界各地儿童喜爱（图 4－50）；查尔斯·福格的《小袋袋学游泳》（图 4－51）、文鲁的《小红帽》（图 4－52）等，都受到少年儿童的欢迎。许多经典的儿童读物和儿童美术形象，成为少年儿童珍爱的伙伴（图 4－53 至图 4－55）。

2. 卡通画

“卡通”这一名称起源于美国，是英文的音译，意思是连续的画面，我们有时也称之为动画。

卡通画是成人根据少儿的心理特点、心理需求、兴趣爱好而设计的绘画形象，在造型上要求夸张与变形，色彩富于装饰性，强调讽刺、机智和幽默。现代卡通艺术包含三个互相独立又彼此联系的艺术体系：幽默讽刺画（图 4－56）、连环画和动画片（图 4－57）。

图 4－50 《花格子大象艾玛》大卫·麦基

图 4－51 《小袋袋学游泳》查尔斯·福格

图 4－52 《小红帽》文鲁

图 4－53 《望远镜》陈小珩

图 4－54 《小蝌蚪找妈妈》

图 4－55 《小松鼠的眼泪》

图 4－56 幽默讽刺画

图 4－57 《米老鼠和唐老鸭》(动画片)

卡通画由于题材内容广泛，情节性强，人物个性鲜明，造型生动可爱、富有情趣（图 4－58），画面充满动感、表现意义积极（图 4－59），深受少年儿童的喜爱，观看动画片更是少年儿童最为喜爱的娱乐活动之一。

美国的沃尔特·迪士尼在 20 世纪 20 年代前后，先后在《米老鼠和唐老鸭》《白雪公主》《小飞象》《小熊维尼》《功夫熊猫》等影视作品中创造了众多广为人知的卡通形象（图 4－60 至图 4－64）。

图 4-58-1 卡通人物造型

图 4-58-2 卡通人物造型

图 4-58-3 卡通人物造型

图 4－59－1　卡通人物

图 4－59－2　卡通人物

图 4－60　米妮

图 4－61　白雪公主

图 4－62　小飞象

图 4－63　小熊维尼

图 4-64　功夫熊猫

中国的艺术家也创造出了许多具有民族风格的卡通形象，如《大闹天宫》中的孙悟空（图 4-65）、《哪吒传奇》中的哪吒（图 4-66）、《宝莲灯》中的沉香（图 4-67）等，它们不仅深受少年儿童的喜爱，而且对成年人也具有不可阻挡的吸引力。

图 4-65　孙悟空

图 4-66　哪吒

图 4-67　沉香

三、简笔画

（一）简笔画概述

1. 什么是简笔画

简笔画是根据物象的外部特征、动态变化和神态表情，采用最简练的线条和最基本的平面形态进行描绘的一种绘画形式（图 4-68）。

简笔画作画快速而形象生动，表现力强。在刻画上不机械地临摹仿写，注重概括、夸张、想象，使所表现的对象更为生动，是小学课堂教学的一种重要辅助形式。简笔画用于课堂教学，可增添教学内容的直观性和生动性，激发学生的兴趣，吸引学生的注意力，还能诱发、培养学生的思维和想象能力，可收到很好的教育效果。

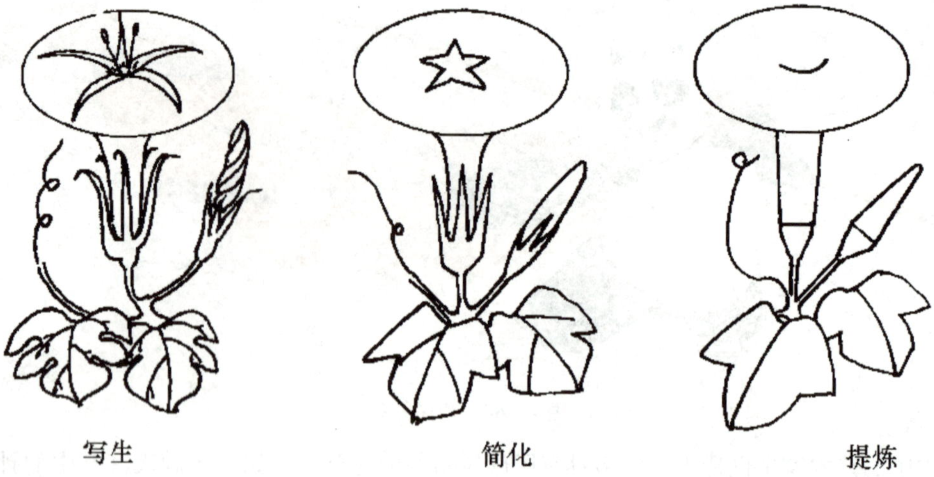

图 4－68　简笔画

2. 简笔画的特点

简笔画具有大众化绘画的特点，简洁、适用、易学、易记、投入少、见效快、运用广泛等优点是其他画种所没有的。简笔画运用省略和夸张等手法，使所表现的物象更典型、幽默、生动风趣（图 4－69）。

图 4－69　小狗

（二）简笔画的造型原理

1. 简笔画的构成元素

简笔画以删繁就简为原则，对所要描绘的人和物进行概括和简化，运用简单的点、线、面等绘画要素来表现人和物的基本特征。在概括与简化人和物时，既不失其形神、不减其深刻，又充分体现其鲜明生动的个性特征。因此，点、线、面就成为简笔画的最基本的元素（图 4－70）。

2. 简笔画的造型原则

（1）简洁性：“形简”是简笔画区别于其他绘画形式的最主要、最关键的特点，所以造型简洁是简笔画首先要突出的原则（图 4－71）。

图 4－70　简笔画最基本的构成元素

图 4－71　简洁性

(2) 可识性：简笔画要抓住对象的特征，使其形象鲜明、生动传神，必须要“像”，要让人们看得懂、识得出；有时在塑造形象时可以适当地运用夸张、变化、装饰等手法，使所表现的形象更加惟妙惟肖（图 4-72）。

(3) 生动性：简笔画用简洁的线条简单明了地表现形象时，更要生动活泼；漫画造型、夸张变形、拟人借代等，都是简笔画常用的形象语言和表现方式（图 4-73）。

图 4-72　可识性

图 4-73　生动性

(4) 快捷性：简笔画主要运用于小学课堂教学中，快捷、一挥而就的表现形式是其又一重要原则。在表现中要学会使用符号来表达最优化的形式效果，尽量安排最简便、最合理的运笔程序使线条流畅自如，画起来快速敏捷、得心应手（图 4-74）。

图 4-74　快捷性

（三）简笔画的表现方法

1. 人物简笔画的表现方法

(1) 人体的运动姿态。

人体由头、胸廓、骨盆和四肢构成。上肢由上臂、前臂和手组成，下肢由大腿、小腿和脚组成，每个部分又由关节互相连接。运动时并不改变头、胸廓、骨盆和四肢的结构，只是变化它们之间以关节为转折点的转折关系和整体状态。因此，以变化的关节为点，以不变的骨骼为线，以点带线、以线连点，是表现人物各种动态最简便可行的方法（图 4-75）。

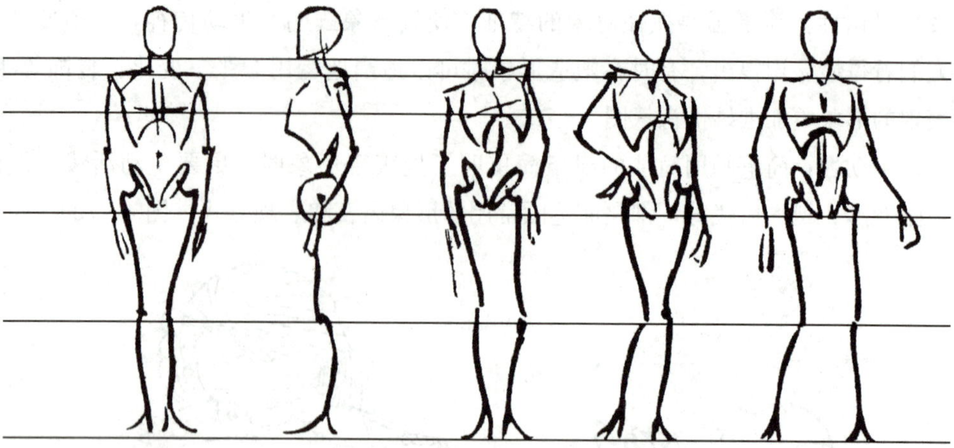

图 4－75 人体的主要结构

人体运动依靠身体各大关节的活动，如颈椎关节、腰椎关节、肩、肘、腕、胯、膝、足等。人体运动有三种基本状态：相对静止（站立、坐、蹲等）、运动状态（走、跑、推、拉等）、完全处于运动中（空中运动、游泳等）。这三种状态主要取决于重心的位置，重心落在支撑面内，动作就有稳定感，即静止状态；反之，运动中的动作就必须让重心暂时离开支撑面（图 4－76）。

图 4－76－1 坐

图 4－76－2 站立

图 4－76－3 跑

（2）人的神态表情。

人的表情就是内在情感在五官面貌上的流露和表现。人的表情是很丰富、微妙的，而最基本的就是喜怒哀乐等（图 4－77）。

图 4－77－1

图 4－77－2

图 4－77－3

图 4－77－4

图 4－77－5

图 4－77－6

图 4－77－7

喜：眉眼微微下弯，口角微微向上弯曲，如微笑。

怒：眉毛竖起，眼睛圆睁，口角向下。

哀：眉毛、眼睛呈“八”字形向下，口角向下弯曲。

乐：眉眼向上夸张弯曲，张口向上弯曲呈半月形。

此外，还有不高兴、吃惊、注视等。

(3) 人物简笔画参考图（图 4－78 至图 4－87）。

图 4－78

图 4－79

图 4－80

图 4－81

图 4 - 82

图 4 - 83

图 4 - 84

图 4 - 85

图 4 - 86

图 4 - 87

2．动物简笔画的表现方法

（1）动物简笔画的特点。

动物种类繁多、形态各异，形体差异也相当大，特别是小动物，更是深受小学生的喜爱。动物简笔画可以培养小学生画画的兴趣，同时增加他们保护动物的知识（图 4－88）。动物简笔画首先要观察动物的外形体态特征——头、身、四肢、尾巴、脖子、耳朵、毛色斑纹等，为了突出动物的特征，还可以采用夸张手法进行艺术处理（图 4－89）。

图 4－88　小鹿

图 4－89　小猴

可以根据动物的形体特点和运动规律用概括的手法将动物的躯干几何化，以便于表现它们的形体特征（图 4－90）。

动物的刻画最主要的在于表现它们头部的相貌特点，只有注意观察分析，抓住其特点加以适当的夸张，才能表现出生动的动物形象（图 4－91）。

图 4－90　青蛙

图 4－91　山羊

（2）动物简笔画的画法（图 4－92、图 4－93）。

（3）动物简笔画参考图（图 4－94 至图 4－107）。

图 4-92　刺猬的画法

图 4-93　小羊的画法

图 4-94

图 4-95

图 4-96

图 4-97

图 4-98

图 4 - 99

图 4 - 100

图 4 - 101

图 4 - 102

图 4 - 103

图 4 - 104

图 4 - 105

图 4 - 106

图 4 - 107

3. 植物简笔画的表现方法

植物简笔画以植物为表现对象。植物品种繁多、特点各异。画植物简笔画首先要从植物的生长规律中了解植物的结构关系，进而概括其外形特征，这样才能基本确定植物的造型，然后再在细节结构中把干、枝、叶分别重新组合，使画面更具层次感（图 4－108）。

图 4－108　植物的外形特征

图 4－109 至图 4－117 为植物简笔画参考图。

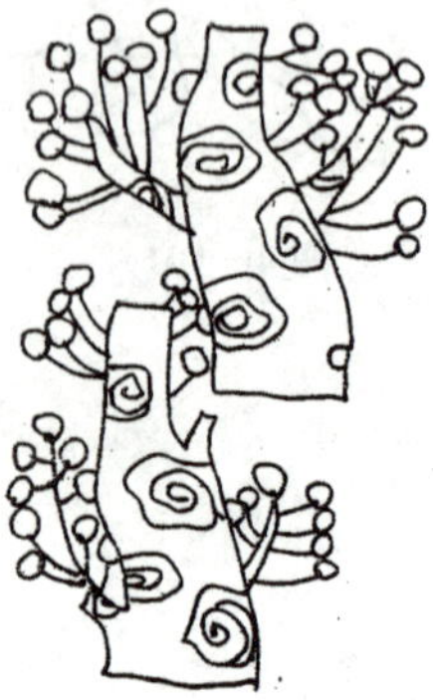

图 4－109

图 4－110

图 4－111

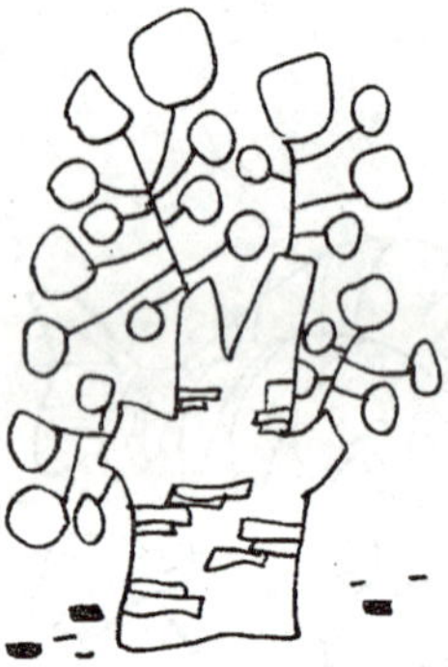

图 4－112

图 4－113

图 4－114

图 4－115

图 4－116

图 4－117

4. 生活中常见物简笔画的表现方法

(1) 交通工具的简笔画画法。

画交通工具简笔画仍然是先抓住不同交通工具的外形特征，用最典型的基本形概念去归纳（图 4－118）。抓住这些特点，再利用绘画的平面造型画法和线面结合的方法来表现这些交通工具（图 4－119、图 4－120）。

图 4－118　卡车的画法

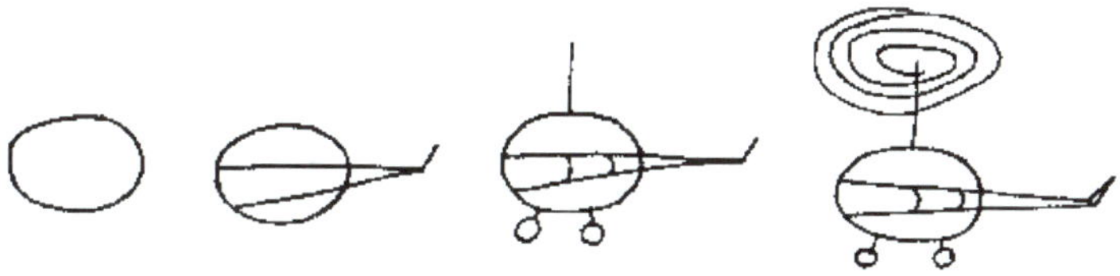

图 4－119　直升机的画法

图 4－120　船的画法

图 4－121 至图 4－125 为交通工具简笔画参考图。

图 4－121

图 4－122

图 4－123

图 4－124

图 4－125

（2）静物的简笔画画法。

静物简笔画一般画的是家用器具（图 4－126）、花草（图 4－127）、瓜果（图 4－128）、蔬菜（图 4－129）等，尽管它们的外形复杂多样，又会因观察角度的不同而各有变化，但作画时只要对其基本形进行概括、归纳，抓住大体比例，就能够准确地加以表现。

拟人化的蔬菜简笔画，更能激发小学生对绘画的兴趣（图 4－130）。

图 4－126　家用器具

图 4－127　花草

图 4－128　瓜果

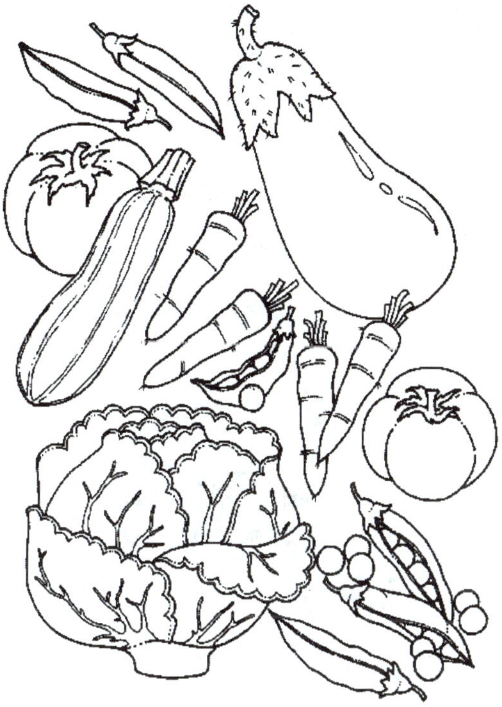

图 4 - 129　蔬菜

图 4 - 130　拟人化的蔬菜

图 4 - 131 至图 4 - 142 为静物简笔画参考图。

图 4 - 131

图 4－132

图 4－133

图 4－134

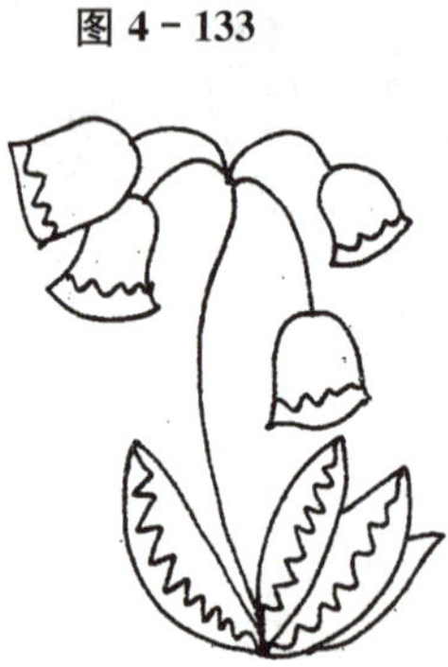

图 4－135

图 4－136

图 4 - 137

图 4 - 138

图 4 - 139

图 4 - 140

图 4 - 141

图 4 - 142

(3) 风景简笔画的画法。

风景简笔画通过描绘房屋等人造景色和自然风景，可以加深少年儿童对大自然美的感受（图 4 - 143 至图 4 - 145）。

风景简笔画首先在于取景构图，美丽的自然景色往往不是十分完美地集中在一起，这就需要我们在取景时开阔视野，大胆地对自然景物进行有选择的移动、取舍。构图要使人感到舒服适宜，在平面效果中安排好近、中、远不同景物的透视层次，主要景物要安排在显眼的位置，并注意物体的外形变化；然后根据主要景物的大小、高低、长短等的对比关系，处理好其他景物的表现，使画面丰富生动（图 4－146）。

图 4－143

图 4－144

图 4－145

图 4－146

图 4－147 至图 4－155 为风景简笔画参考图。

图 4－147

图 4－148

图 4－149

图 4－150

图 4－151

图 4 - 152

图 4 - 153

图 4 - 154

图 4 - 155

（4）组合简笔画的画法。

组合简笔画是根据内容需要，将多种类型、多个物体组合在一起的简笔画。通过这种组合形成的使画面表现一定教学内容的简笔画，可以画成教学挂图用于小学课堂教学活动（图 4 - 156）。

组合简笔画首先要选定一个表达的主题内容，以一方为主体，以另一方为客体，然后在画面上确定所要表现的主体形象的位置，最后按照不同类型物体的简笔画的画法进行刻画（图 4 - 157、图 4 - 158）。

图 4-156　泰迪熊

图 4-157　圣诞娃娃

图 4-158　弹吉他

5. 儿童美术与简笔画

简笔画与儿童美术特别是卡通画非常相近，它们的表现目的、表现形象以及表现主题较相似，因此我们应该重视简笔画与儿童美术的联系（图 4-159、图 4-160）。

图 4－159　皮卡丘

图 4－160　小鸭

图 4－161 至图 4－170 为卡通形象简笔画参考图。

图 4－161

图 4－162

图 4－163

图 4－164

图 4-165

图 4-166

图 4-167

图 4-168

图 4-169

图 4-170

6. 单线人物程序简笔画的表现方法

单线人物的画法即骨架式画法，是把头简化为圆形；颈连接头与身躯，简化为短线；身躯包括胸、腰、胯，简化为长线；四肢简化为不同长短的直线（图 4-171）。

图 4-171 单线人物程序简笔画

单线人物程序简笔画主要用于教师的备课，而不是画给小学生看的一种简笔画形式，是课堂教学中一种不可取代的教学手段（图 4－172），教师可以运用单线表现的这种简单符号，画出体育、舞蹈等教学内容的动作示意图进行备课，以得到事半功倍的效果（图 4－173）。

图 4－172　走路动作示意图

图 4－173　舞蹈动作示意图

单线人物程序简笔画的画法为：先画出头形；然后画一根直线代表躯干，但要注意表现出所画动态的趋势；接下来根据动态画四肢，是扭、摆动还是弯曲，要掌握其动态特征并把它们表现出来；最后添加一些必要的部分，如女生加两根辫子等（图 4－174）。

图 4－174　单线人物程序简笔画

(四) 简笔画在教学中的综合作用

1. 简笔画在教学中的主要作用

简笔画是课堂教学中一种不可取代的积极手段，应大力提倡，画比语言传递信息更为形象直观，文图并茂的授课生动幽默、准确到位；能够简化教学语言，精简板书，概括归纳问题；能够调节课堂气氛，唤起学生的注意力；能够帮助理解，增强记忆，激发情趣（图 4－175）。

图 4－175　雨中情

2. 课堂教学简笔画的表现手法

(1) 形象法：如小学识字教学——骆驼、猪（图 4－176）。

图 4－176－1　形象法

图 4－176－2　形象法

(2) 特写法：运用特写法，就是抓住课文重点内容进行“放大”处理，以便课义重点得到突出、强化（图 4－177）。

(3) 一笔法：如学古诗《咏鹅》，教师一笔画出曲项高歌的白鹅（图 4－178）。

图 4－177　特写法

图 4－178　一笔法

（4）肖像法：如学《猫头鹰》这篇课文时，用肖像法描绘猫头鹰的外部特征（图 4－179）。

图 4－179　肖像法

（5）漫画法：教寓言、童话等类型课文时，如《太阳公公》和《月亮婆婆》（图 4－180），用简笔画画出可爱的漫画形象，以吸引小学生的注意力。

（6）连环画法：运用简笔画的连环画法完整地把内容表现出来，有助于学生看清图意，正确把握事情的整体性（图 4－181）。

图 4－180－1　漫画法

图 4－180－2　漫画法

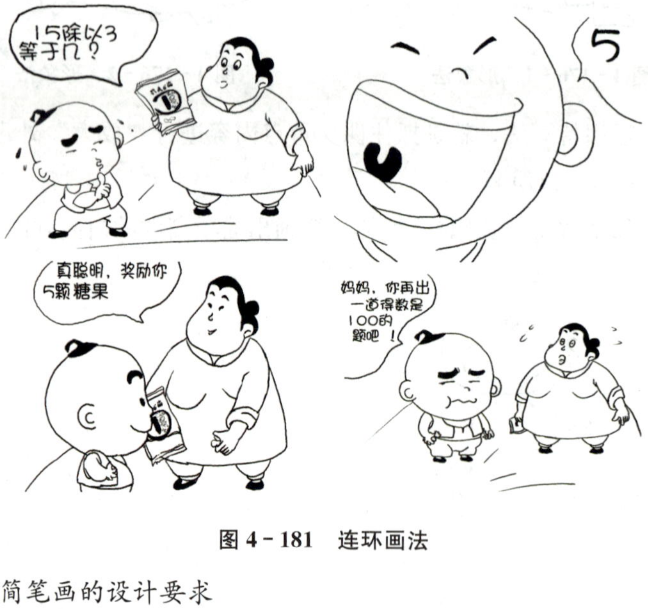

图 4－181　连环画法

3. 课堂教学简笔画的设计要求

在进行课堂简笔画的教学前，要根据教育、教学规律和教学目的、要求，进行简笔画的设计，在教学过程中还要随机应变做些调整、补充，以使画面在教学中产生更好的效果。

(1) 要有美感和简洁：配有画面的语言要简洁。画面要好懂易记、鲜明醒目。画面清晰、布局得体，有助于激起学生学习的欲望（图 4－182）。

(2) 要有目的性和方向性：要切合教学需要和体现教学意图，不能脱离教学目的，另搞一套（图 4－183）。

图 4－182　可爱的小鼠

图 4－183　乌鸦喝水

(3) 要有启发性：从简单的画面开始循循善诱，因势利导，启发学生通过喜闻乐见的画面受到教益，获得知识（图 4－184）。

(4) 要有针对性：运用简笔画，应根据不同的教学目的、教学内容、教学对象采用不同的表现形式（图 4－185）。

图 4－184　披着羊皮的狼

图 4－185　狼和羊

4. 简笔画在各科教学中的运用

(1) 在体育教学中，用简笔画说明一个运动的分解动作，如做广播体操等（图 4－186）。

图 4-186　简笔画在体育课中的运用

（2）在数学教学中的运用（图 4-187）。

（3）在英语教学中利用简笔画创设情境，教授句型与对话（图 4-188）。

图 4-187　简笔画在数学课中的运用

图 4-188　简笔画在英语课中的运用

（4）在历史、地理（图 4-189）、自然常识（图 4-190）教学中的运用。

图 4-189　简笔画在地理课中的运用

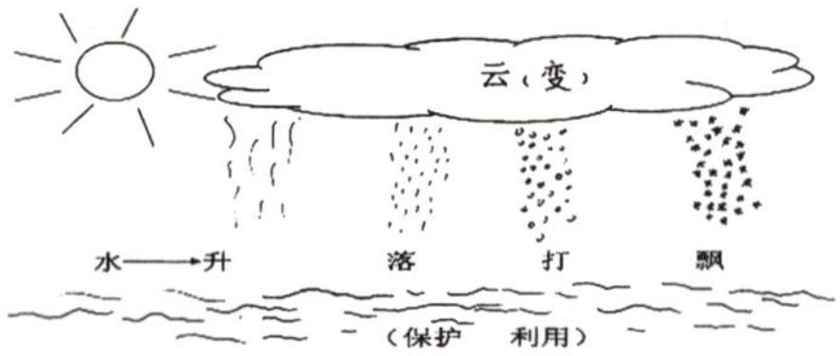

图 4-190-1　简笔画在自然常识课中的运用

图 4-190-2　简笔画在自然常识课中的运用

第三节　美术字

一、美术字的特点与作用

（一）美术字的概念和特点

美术字又叫图案字，是指有图案意味或装饰意味的字体，也可以说是经过艺术加工的字体。它不仅结构严谨、笔画秀丽，而且字形工整、美观大方（图 4 - 191）。

美术字的设计要遵循以下三个原则：

（1）适应性。要根据文字的内容、使用的场合（严肃的或欢快的），对文字进行艺术加工，使之概括、生动，以突出文字精神、加强气氛。

（2）可读性。黑体、宋体应规范化。变体字应易于辨认。

（3）艺术性。美术字和其他艺术作品一样，应该以它的艺术特色吸引和感染观众。字体的变化要在统一中求变化、在变化中求统一，达到整体的美观协调（图 4 - 192）。

图 4 - 191　美术字的特点

图 4 - 192　美术字的书写原则

（二）美术字的作用

《高等师范学校学生的教师职业技能训练基本要求（试行）》明确规定，学生需初步掌握写美术字的技能，因而师范院校学生在校学习期间有责任学好美术字，为将来从事小学教育教学工作打下坚实的基础。

二、美术字的构成规律与种类

（一）美术字的一般构成规律

要写好美术字，首先要解决字的结构、比例、笔调、动势、均匀和重心等问题，只有这样才能使书写的美术字达到紧凑挺拔、美观大方、整齐匀称、风格统一的理想境界。

1. 上紧下松

人的眼睛善于辨认一切东西，如方、圆、长、扁等，但人的眼睛也有“受骗”的时候，比如在一个长方形的框子中，用眼睛找出一个中心，做上记号，称为“视觉中心”，然后画两条对角线，相交之处叫作“绝对中心”（几何中心），我们会发现视觉中心比绝对中心要高一点，这种现象即人的一种“错觉”。它是生理现象，也是心理作用和习惯问题（图 4－193）。在美术字上这种“错觉”是很常见的。人的身体，要上半身较短、下半身较长，看上去才觉得舒服，反之会觉得矮短粗笨、头重脚轻。写美术字也是如此，上半部要紧凑些，下半部要宽松些，这样才会舒畅美观（图 4－194）。

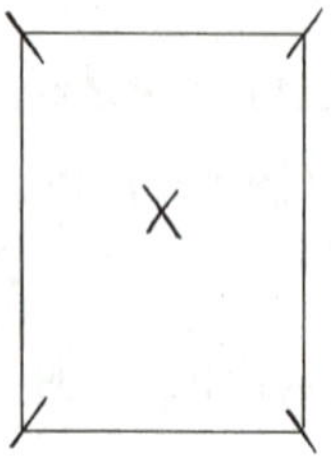

图 4－193　视觉中心

图 4－194　上紧下松

2. 方正匀称

由于汉字的结构是方形，所以美术字的外围要方正。笔画横平竖直，摆正放稳，字才显得端庄大方。在安排美术字的结构时，要使字的笔画分布匀称、合理协调。如果笔画或大或小、或紧或松，就会造成字体松散或者拥挤（图 4－195）。

图 4－195　方正匀称

3. 横轻直重

在汉字中，横画多于竖画，在书写上就形成了横轻直重（横细直粗）。宋体横画细、竖画粗，横轻直重最为明显。黑体实际上横画要比竖画稍细一点，因为同样宽度的一条横线和一条竖线，看上去横线要粗一些，如果不把横画减弱一些，就会显得粗笨难看了（图 4－196）。

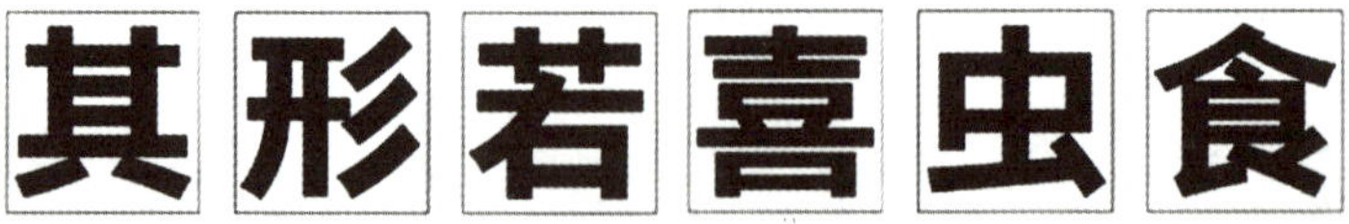

图 4－196　横轻直重

4. 穿插呼应

汉字是由各笔画组成部首，再由部首和部首结合而成的组合结构。汉字的结构大体上可分为上下、左右、里外等多种组合。在组合上，美术字的笔画、部首各有不同，各部分的面积并不是绝对等分的，要根据部首的大小、长短适当调整。为了使字的笔画之间互相呼应、重心稳定，就要对字的某些笔画进行适当的调整和安排，使其穿插有序、互相呼应、争让合理、结构严密。所谓穿插，就是将美术字的笔画交叉延长；所谓争让，就是将字的某些笔画向前争抢一步，而有的笔画就要向后退让一步。

5. 整齐稳定

书写美术字，一般先打格子，定出字距和行距，然后在格子内绘写，为的是使它们大小一致、整齐稳定。但由于存在错觉，我们还要力求达到视觉上的大小一致。

首先影响字形大小的因素，概括起来有外形、线条和内白三种。外形即字形面积的大小。线条是指汉字的笔画。内白是指由于汉字的笔画有疏有密而形成的内部空白部分。

字形大小的调整，依靠的是顶格、缩格、出格。顶格，就是将美术字的主要笔画或边缘笔画顶住字格，但是要注意恰到好处，不能过头。缩格是将某些字的笔画向回收缩，因为有些字的外周笔画与字格边线相平行，在书写时就不能压住或靠紧字格的边框线，要收缩调整，如“国”“司”“日”“山”“南”等字。否则，这些字会显得肥大而不协调。出格是三角形、菱形之类笔画较少的字，在书写时就得将字的部分笔画出点格，如“人”“会”“多”“少”等字。但出格的笔画只能往两边出而不能向上下出，出格也要注意适可而止（图 4－197）。

其次是笔画粗细的调整。笔画多的字面见黑，笔画少的不那么见黑，如果所有笔画的粗细都一样，势必在一行或一幅字中产生黑一块白一块的现象，影响美观。可作如下调整：少笔粗，多笔细；疏粗密细。对于笔画稠密的字，要适当收缩或者减细其笔画，以避免这类字过大而使得字格盛不下，如“健”“警”等。对笔画稀疏的字，则要力求开阔，撑足字格（图 4－198）。

图 4－197 字形大小的调整

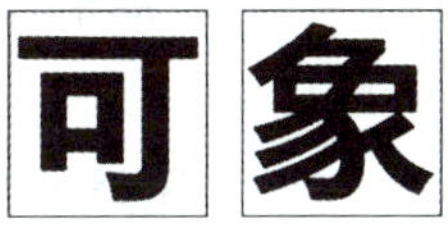

图 4－198 笔画粗细的调整

（二）美术字的种类

美术字分为汉字美术字、拉丁字母（汉语拼音字母）及数字美术字。汉字和各种字母美术字都有不同的字体，其特点也不尽相同，如汉字美术字中又分黑体美术字、宋体美术字和变体美术字等。

1. 黑体美术字的特点

黑体美术字横平竖直，笔画粗细一致，起笔收笔方头方尾，点、撇、捺、挑、勾也都是方头的，所以又叫作方头体。其字体结构匀称、粗壮有力、庄严醒目。其字体较粗、方黑一块，由此得名。黑体美术字浑厚有力、朴素大方、引人注目，适用于标语、标题等，使人重视，又因结构严谨、笔画单纯，所以也常作为初学美术字者练习的一种字体（图 4－199）。

黑体的各个笔画宽度虽是大致相等，但不是绝对的，在处理上不能强求一律，否则笔画多的字必然拥塞写不下，笔画少的则显得空，所以应在长与短、横与竖、笔画粗与细之间，作适当的调整，达到整体上的均匀协调（图 4－200）。图 4－201 为黑体美术字的基本笔画，图 4－202、图 4－203 为黑体美术字的范例。

图 4－199　黑体美术字

图 4－200　黑体美术字的特点

图 4－201－1　黑体美术字的基本笔画

图 4－201－2　黑体美术字的基本笔画

图 4－202

图 4－203

2. 宋体美术字的特点

宋体美术字字形正方，横细竖粗，横画及横、竖画连接的右上方都有顿角，点、撇、捺、挑、勾与竖画粗细相等，其尖锋短而有力，因此有“横细竖粗、撇如刀，点如瓜子、捺如扫”的顺口溜（图 4－204）。

宋体美术字的风格是字体结构稳重大方、秀雅古朴、端庄挺拔、典雅工整（图 4－205）。

图 4－204　宋体美术字

图 4－205　宋体美术字的特点

图 4－206 为宋体美术字的基本笔画，图 4－207、图 4－208 为宋体美术字的范例。

图 4－206－1　宋体美术字的基本笔画

图 4－206－2　宋体美术字的基本笔画

图 4－207

图 4－208

3. 变体美术字的特点

变体美术字是在宋体和黑体的基础上通过各种表现手法对字的笔画、结构、形状、形式进行再加工和装饰美化的字体。它在一定程度上摆脱了字形、笔画的约束，根据文字内容，运用丰富的想象力灵活地重新组织字形，在艺术上作较大的自由变化，风格生动活泼、变化多样，并在变化中有着自身显著的特点，以及较强的规律性和统一性（图 4－209）。

变体美术字字体变化和装饰美化的形式也要符合内容要求，一般用在商品包装的设计和宣传、黑板报和墙报的报头和标题，以及部分书报杂志的封面和题花上（图 4－210）。变体美术字一般不能用在庄重和严肃的版面上。

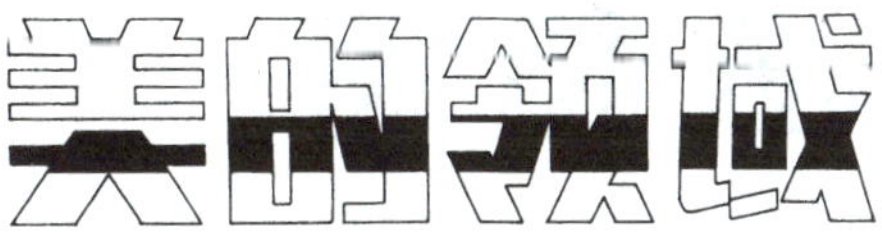

图 4－209　变体美术字

图 4－210　变体美术字的作用

（1）变化的准则。

从内容出发——用不同的方法写出来的字能体现出字义和属性（图 4－211）。

要易于辨认——变化要符合人们的习惯，不能相差太远（图 4－212）。

图 4－211　从内容出发

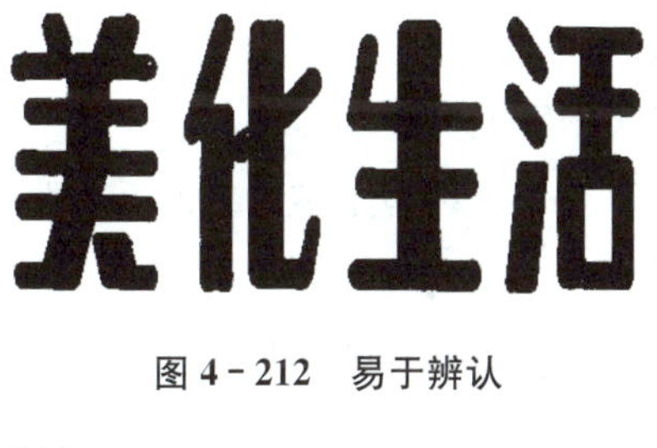

图 4－212　易于辨认

统一和完整——正因为变体美术字的变化比较自由，强调字与字之间的统一与完整就显得特别重要（图 4 - 213）。

图 4 - 213　统一和完整

（2）变化的范围。

外形的变化——汉字的基本形状是方块字，根据这个特点，可以把字形变化成正方形、长方形、扁方形、斜方形等（图 4 - 214）。

图 4 - 214　外形的变化

笔画的变化——笔画变化的主要对象是点、撇、捺、挑、勾等副笔画，它们的变化比较灵活多样。而横、竖等主笔画的变化较少，一般只在笔画的长短和粗细上稍作变化（图 4 - 215）。

图 4 - 215　笔画的变化

结构的变化——有意识地把字的部分笔画进行夸大、缩小，或者移动部分笔画的位置，改变字的重心，使构图更加紧凑、字形更别致，以收到新颖醒目的效果（图 4 - 216）。

图 4 - 216　结构的变化

（3）变体美术字的类型。

装饰美术字——这种美术字以装饰手法取胜，绚丽多彩，最富于诗情画意，是变体美术字中应用范围最广泛的一种。它包括本体装饰、背景装饰、连接装饰等手法。

本体装饰：是在字本身的笔画内进行各种装饰。其手法一般是运用点、线、面使字体产生不同层次，或是用简单的图案和形象来装饰字身（图 4－217）。

背景装饰：这种装饰侧重于字体的背景衬托装饰。如在字体周围或背后用不同的色彩或几何线条、形象、图案、风景加以装饰，给字体营造一种符合文字内容要求的环境（图 4－218）。

图 4－217　本体装饰

图 4－218　背景装饰

连接装饰：这种装饰是把两个以上的字，根据笔画的位置、形态、走向等特点，用笔画连接或接替的手法，使其巧妙地连接在一起，同时辅以点画夸张，使字体更加生动活泼。连接装饰是字体的一种笔画形态和结构的改变，也是字体笔画造型上的一种装饰，这种字也叫连体美术字（图 4－219）。

图 4－219　连接装饰

形象美术字——就是用形象装饰的美术字，它把字句的含义形象化，使它既是文字，又是图画，比其他美术字更有象征性。形象美术字包括添加形象，即在字的某个部位的笔画上添加有代表性或装饰性的图案形象。

笔画形象：以具体的形象取代字的某个或某些笔画（图 4－220）。

整体形象：用形象取代所有笔画，即用形象组成一个字或几个字（图 4－221）。

图 4－220　笔画形象

图 4－221　整体形象

立体美术字——就是应用绘画透视的原理，表现出文字的三维立体效果，十分突出醒目（图 4－222）。这种方法处理出的立体面在笔画之外。

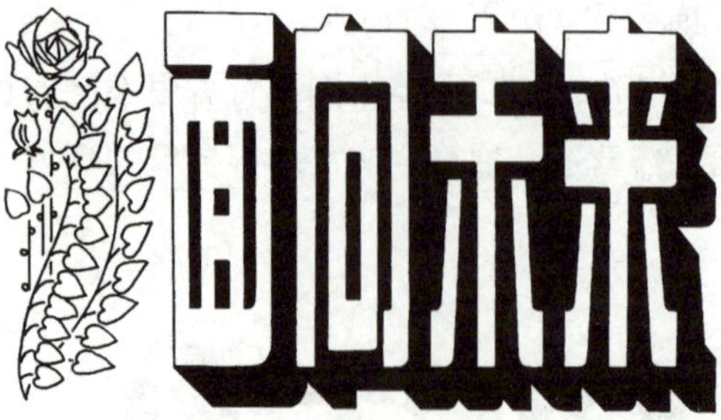

图 4-222-1　立体美术字

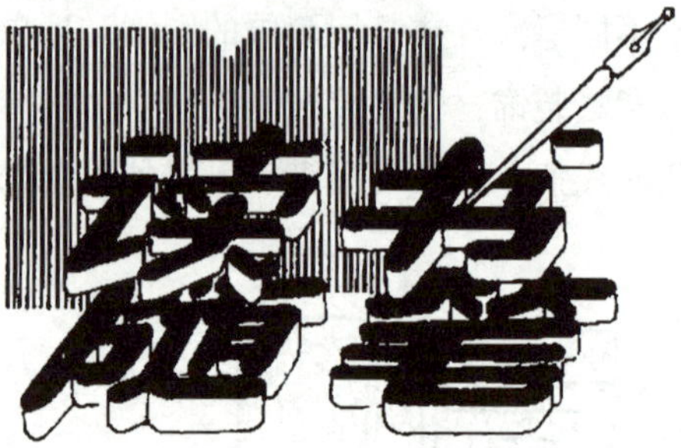

图 4-222-2　立体美术字

阴影美术字——是把平面美术字通过透明物体的遮盖或者投影产生别具一格的艺术效果，也称明暗装饰。

光影立体美术字是利用透视或相像、相反字影为装饰手法，以投影、倒影或叠影方式呈现的立体效果。这些装饰都是在文字本体以外进行的，至于本体字可以是平面的，也可以是立体的。如果本体字是立体的，则字的透视关系须同投影透视关系相符（图 4-223）。

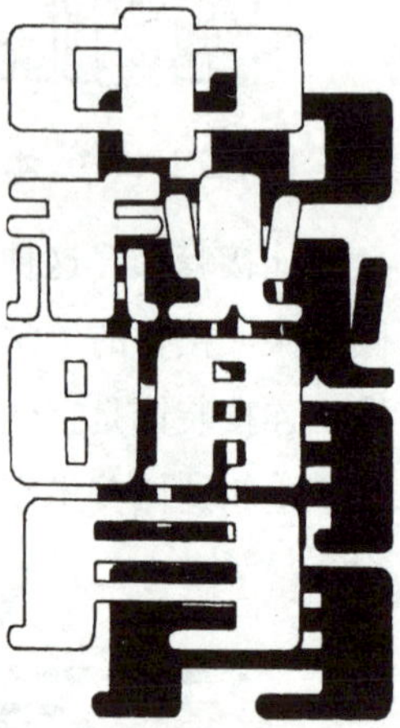

图 4-223　阴影美术字

书法美术字——在掌握各种美术字的绘写方法以后，可以结合行书等传统书法的特点，稍加变化，用毛笔、刷子等工具书写而成，它可以不受方格的约束，笔画可以自由伸展，字形也有大小、高低之分，线条多变而富有优美的韵律感。但特别要注意它们的内在联系和完整统一（图 4-224）。

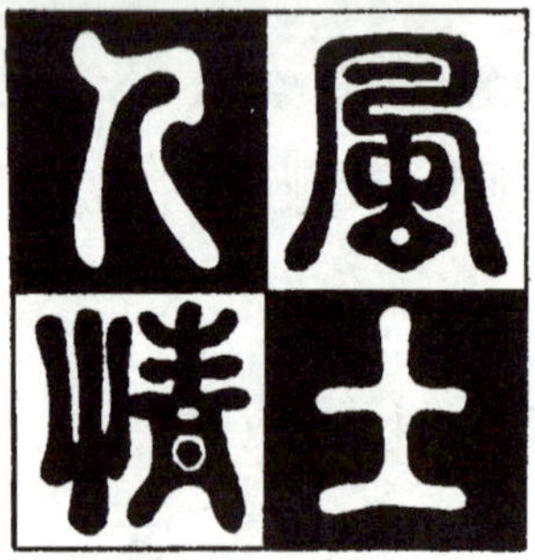

图 4-224-1　书法美术字

图 4-224-2　书法美术字

（4）变体美术字范例（图 4-225 至图 4-241）。

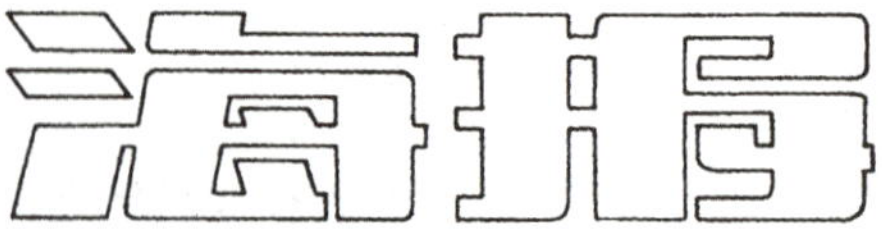

图 4-225

图 4-226

图 4－227

图 4－228

图 4－229

图 4－230

图 4－231

图 4－232

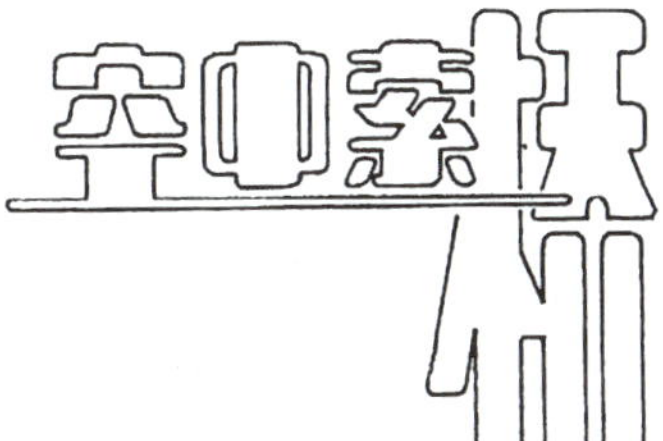

图 4－233

图 4－234

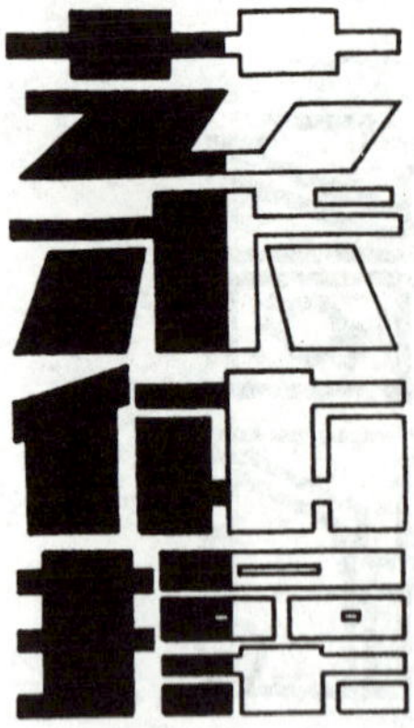

图 4－237

图 4－235

图 4－238

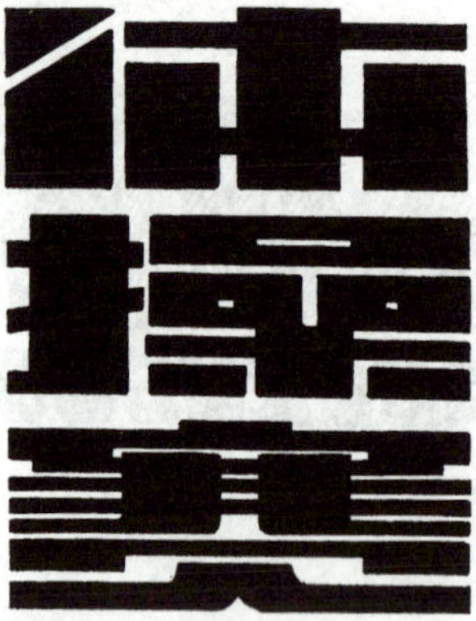

图 4－239

图 4－236

图 4－240

图 4－241

4. POP 美术字

POP 美术字是在近年来使用较为广泛的字体，其字体醒目、简洁，书写便捷，有较大的自由度，近年来，校园内也逐渐利用其进行宣传活动。POP，最初是指一种广告形式，是英文“point of purchase”的缩写，意思为“终点广告”“售点广告”，是商品进入流通领域的一种广告形式（图 4－242、图 4－243）。

POP 美术字根据字形特点一般可以分为：

图 4－242

图 4－243

正体字——外轮廓是一个正方形，所有笔画尽量归整为横竖线条，并充满整个轮廓（图 4－244）。

活体字——外轮廓是不规则的四边形，个性强烈、自由度大（图 4－245）。

图 4－244 正体字

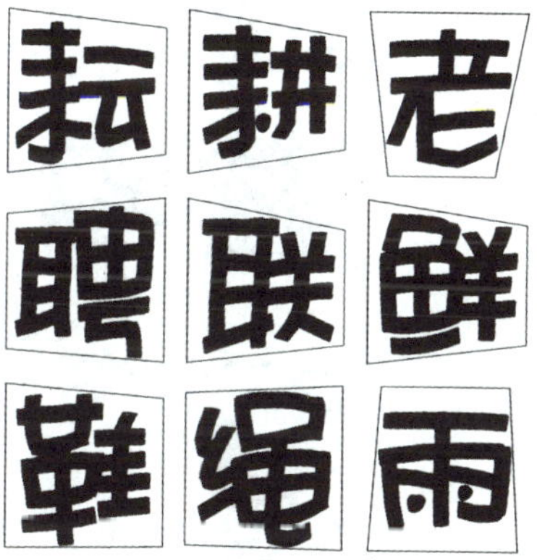

图 4－245 活体字

软笔字——直接用水粉笔、毛笔等工具进行书写，具有自由飘逸的效果，并富有书法的韵味（图 4－246）。

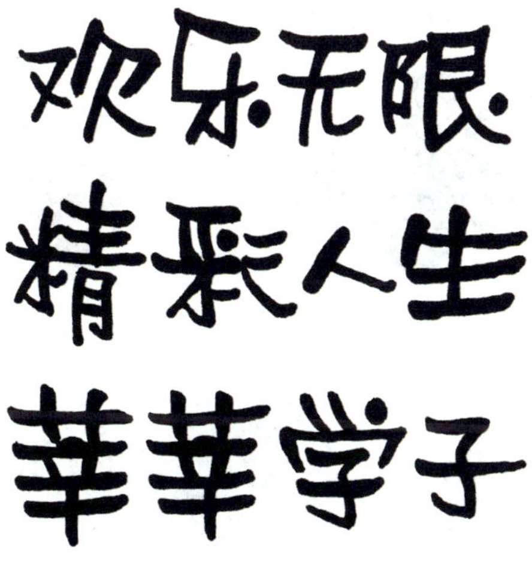

图 4－246 软笔字

POP 美术字通常用马克笔和扁平的画笔书写（图 4－247）。

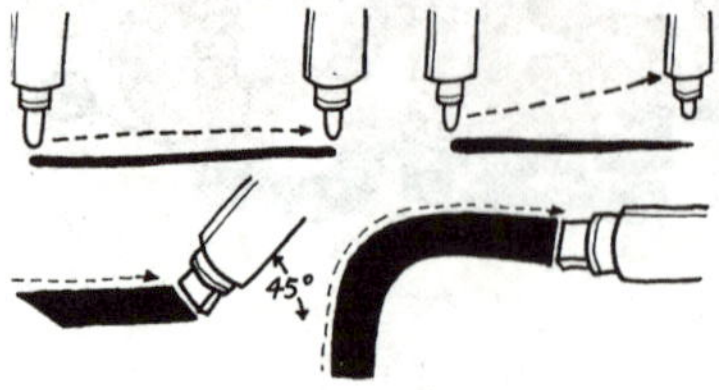

图 4－247－1

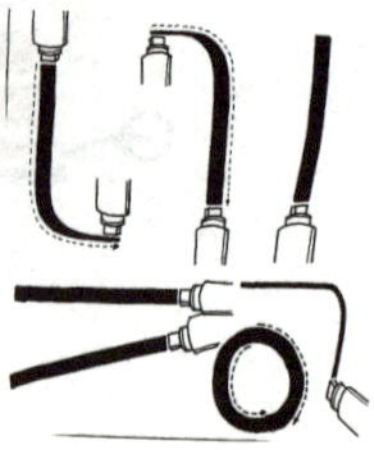

图 4－247－2

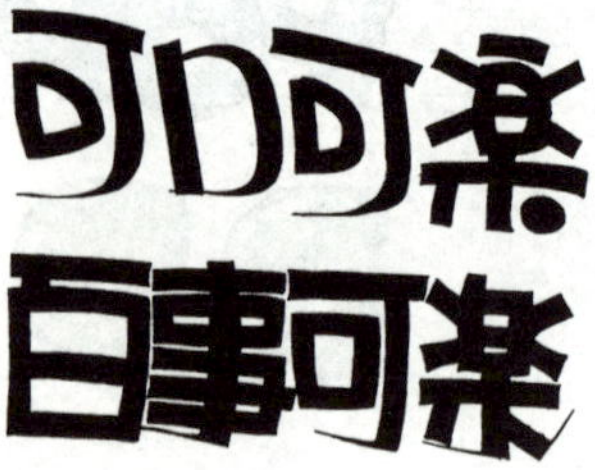

图 4－247－3

POP 美术字的写法参见图 4－248。

图 4－248　POP 美术字的写法

图 4－249 至图 4－280 为 POP 美术字范例。

图 4－249

图 4－250

图 4－251

图 4－252

图 4－253

图 4－254

图 4－255

图 4－256

图 4－257

图 4－258

图 4－259

图 4－260

图 4－261

图 4－262

图 4－263

图 4－264

图 4－265

图 4－266

图 4－267

图 4－268

图 4－269

图 4－270

图 4－271

图 4－273

图 4－274

图 4－272

图 4－275

图 4－276

图 4－277

图 4－278－1

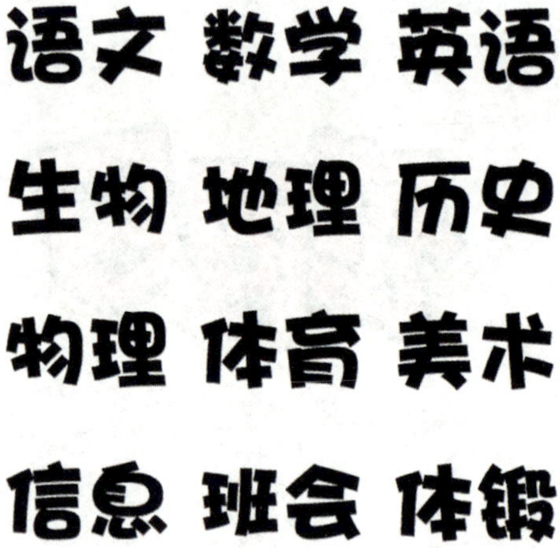

图 4－278－2

图 4－278－3

图 4－279

图 4－280

5. 拉丁字母（汉语拼音字母）及数字美术字

拉丁字母（汉语拼音字母）美术字在日常生活中应用广泛，了解和学习它有着积极的意义。

(1) 大写字母的写法。

拉丁字母的形状有宽窄之分，只要画两条平行线作为字母的上下两端的界线即可。

方形字母的处理：大写 I 决定竖线的高和宽的比例，约 8∶1；H 和 N 决定方形字母的宽度，约 5∶4；N 和 Z 这两个字母写成斜线宽、横竖线细。这是个别字母的特殊处理，是为了与其他字母在黑白上取得均匀的效果。

圆形字母的处理：上下两端应稍撑出，使它们的高度在视觉上与方形字母一致，曲线的中段应比竖线稍加粗，这样才能在视觉上避免过细。

三角形字母的处理：其尖角一端应撑出去一点，使感觉统一在方形字母的高度上，斜线比竖线看起来会稍有些粗，应减细一点（图 4－281）。

（2）小写字母的写法。

小写字母的结构分上、中、下三部分，上部比下部重要，因此应稍大于下部的面积，先画四条平行线，作为小写字母各部分的界线，除 l、i、m、w 外，字母的宽度都与 n 相等，a、s、g 是小写字母中最难写好的，要注意它们的匀称和稳定，大写字母与小写字母在一起书写时，大写字母的上端与顶线相齐或稍低一些，下端与基线相齐（图 4－282）。

图 4－281　大写字母的写法

图 4－282　小写字母的写法

（3）数字的写法。

数字与大写字母的高度一致，与小写字母的风格协调。1 是线形字，4 和 7 是三角形字，都是字形比较小的，应把 1 加粗些，4 的三角画大些，7 的斜笔向下撑出些，2、3、5 这三个数字的圆形面积不是相等的，上面的圆形 2 比 3 大，下面的圆形 3 比 5 小，0 要与字母中的 O 有所区别，形体应窄一些。

拉丁字母（汉语拼音字母）及数字美术字举例如图 4－283 至图 4－288 所示。

图 4－283　恩利粗体

图 4－284　富图拉体

图 4－285　李纳体

图 4－286　新罗马体

图 4-287 萨尔托体

图 4-288 黑尔维梯卡体

三、美术字的书写方法

（一）美术字的书写步骤

写好字的关键在于结构、比例正确。还要注意笔画粗细的调整（如笔画少的稍粗，笔画多的稍细等）。

（1）构思——首先要考虑文字的内容精神，进行一番周密的构思，字体选择应力求在艺术风格上与词文相吻合。如果是与图画配合的，还要照顾到图画的内容风格，取得协调。

（2）打格——根据字数和需要确定字体的大小，用铅笔轻轻打上格子，注意字距、行距。

（3）起稿——先用铅笔轻轻地在格子内画出字的单线骨骼，再用铅笔描出双勾字形（轮廓），这时应注意笔形统一，落笔不宜太重，以便修改。

（4）定稿——加粗肯定字的各个笔画，直线可用直尺。

（5）修整——修改整理细部。注意利用格子把字写得均匀，过满的收一点，空的放一点。

（6）上色——用颜料或墨水勾出字的轮廓，再均匀填满。

黑体美术字的绘写步骤与方法参见图 4-289，宋体美术字的绘写步骤与方法参见图 4-290。

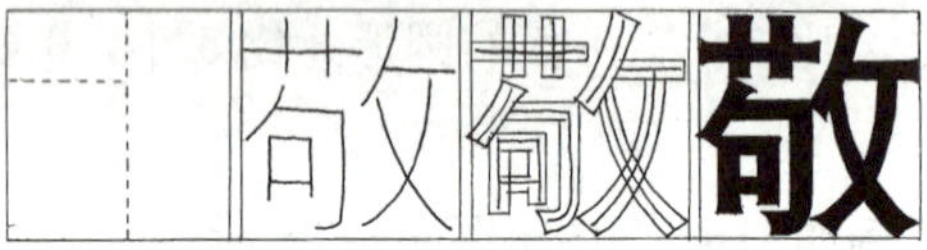
图 4-289 黑体美术字的书写

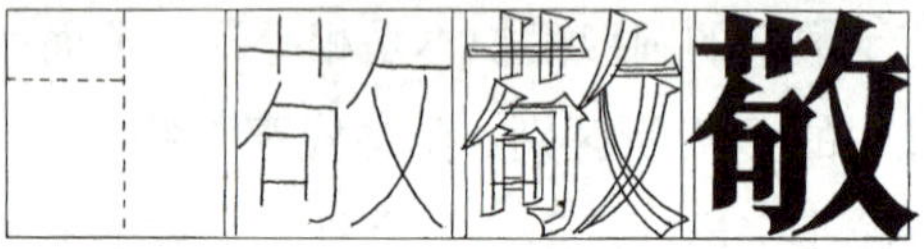
图 4-290 宋体美术字的书写

（二）美术字的练习要求

（1）打好格子是写好字的前提，在八开铅画纸上打好格子，注意边距、字距、行距的安排。

（2）用铅笔按上面书写步骤的方法训练，学会美术字的造型。

（3）黑体美术字可以用 1 号或 2 号油画笔直接进行书写训练，通过练习掌握美术字的结构与比例，是写字的核心问题。

第四节 平面设计

平面设计是由“平面”和“设计”两个词组合而成的，泛指具有艺术性和专业性，以

“视觉”为沟通和表现的方式，在具有二度空间（平面）的物体表面上根据一定的目的要求，通过制定方法或图样完成的作品。常见的平面设计一般包括网页设计、商品包装设计、招贴画设计、平面广告设计、样本设计、书籍报刊版面设计（包括黑板报、墙报设计）、商标与标志设计、贺卡设计、邮票与火柴盒贴设计等。与小学教育密切相关的平面设计主要为黑板报与墙报设计、海报与广告设计、贺卡设计以及教学挂图的设计。

一、黑板报与墙报的设计

（一）黑板报与墙报的特点

黑板报与墙报统称板报，以其简便实用、内容丰富的特点，成为小学校园里宣传及文化娱乐的载体。它也是美化校园环境、活跃校园生活的理想形式，在校园文化建设方面有着不可替代的作用。每逢校内外重大节日、纪念日以及各类校园活动，黑板报与墙报就成了增加气氛、渲染主题的最佳媒介。不仅如此，黑板报与墙报还是交流思想、沟通情况、丰富文艺生活的理想阵地，对中小学生的学习、行为、思想品德都起着不可低估的引导作用。从某种意义上说，经过精心设计、美化的黑板报与墙报可以体现一所学校、一个班级的精神面貌（图 4－291）。

图 4－291 黑板报

黑板报与墙报唯一不同的地方在于黑板报为黑底，而墙报为白底（图 4－292）。

图 4－292 墙报

（二）黑板报与墙报的设计要求

黑板报与墙报版面安排的总体要求是：突出主题、主次有致、生动活泼、形式多样、和谐统一。也就是说，在突出主题的前提下，整个版面既要有变化，又要有统一，这样才符合形式美规律的要求，才能使版面产生美感，吸引观者注意，达到宣传、教育和丰富生活的目的。这就要求编排者在排版、报头、花饰等各个方面，精心构思，巧妙安排，力求在有限的版面中准确、合理、有效地表达出所要展现的主题（图 4－293）。

图 4－293　黑板报设计样例

（三）黑板报与墙报的设计内容

黑板报与墙报的设计内容一般包括报头、文字、插图、题花（含尾花和花边）等。

1. 报头

报头是与文章的标题相配合的，由画面、报头字组成，报头既能突出板报内容的主题思想，又能美化板报的版面。报头通常由刊物名称、图形、出版单位、出版时间与期数组成，是黑板报与墙报的重要组成部分，要放在显眼的地方。报头大致可分为主题报头和专栏报头两大类，前者一般占用的版面较多，要求醒目而有视觉冲击力；后者则必须与所承担的栏目有较强的对应关系，起到画龙点睛的作用。报头造型的形象可用图案纹样，也可用绘画等形式（图 4－294）。

图 4－294－1　报头

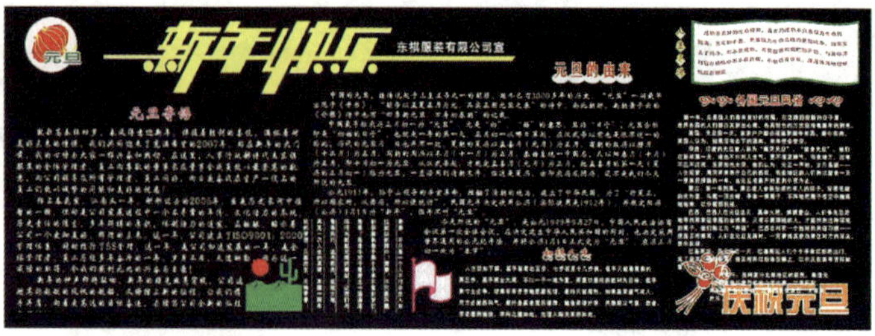

图 4－294－2　报头

2. 文字

标题可用美术字，也可用书法。正文可用楷书、等线体美术字等字体。字的排列以横为主，行距要大于字距，篇与篇之间及整个版面四周应留空（图 4－295）。

图 4－295－1　文字

图 4－295－2　文字

3. 插图

插图是根据版面文章内容的需要来安排的。插图要紧密配合文章的中心思想，要求安排紧凑，绘制精美。但要注意插图不宜过多，以免造成版面拥挤（图 4－296）。

图 4－296－1　插图

图 4－296－2　插图

4. 题花、尾花、花边

题花、尾花、花边是为了协调版面或突出文章而设计添加的装饰性花纹图样，它能起烘托主题、美化版面的作用。题花主要起美化题目的作用，既可反映题意，也可美化版面（图 4－297）。

图 4－297－1　题花

图 4－297－2　题花

花边近来较少运用，因为它比较琐碎繁乱，容易破坏读者的视觉观感，同时也占用了一定的版面。如使用的话，所选用的花边必须经过精心绘制，而不仅仅是简单描画一些弯曲的线条（图 4－298）。

尾花是一个单独的花纹图样，出现在文字结束而有较多版面剩余的地方（有时是编者有意安排），是一种相当有效的丰富版面的手段。尾花内容可画花卉、风景、建筑等。尾花要求结构简练、装饰性强，其幅面大小不能超过报头和插图（图 4－299）。

（四）黑板报与墙报的设计步骤

为了使黑板报和墙报能取得比较好的宣传效果，就要对它进行一些美化工作。

1. 构思

了解文章内容、篇数及字数，然后进行构思，确定主次文章安放的位置，报头、题花、尾花的形式，整体及各部分的色彩如何等，完成总体设想（图 4－300）。

2. 排版

动手画小样、划分版面。排版是一项需要丰富创意的工作，编排者必须从主题出发，根据文稿主次进行版面分割布局。对手头稿件进行适当组织，合理安排版面，力求做到图文并茂，既能使读者对本期主题一目了然，又不至于忽略那些非主题的内容。

图 4－298－1　花边

图 4－298－2　花边

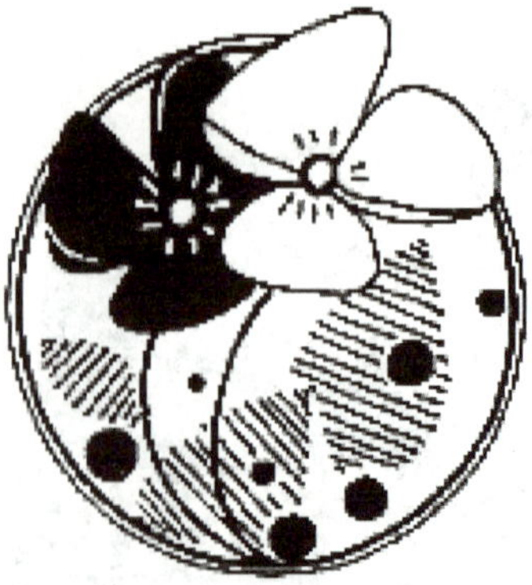

图 4－299　尾花

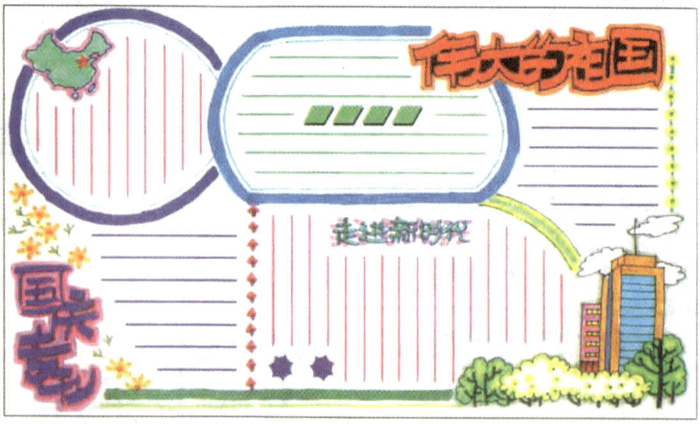

图 4－300　构思

排版的基本原则有：主题明确、重点突出、布局合理、块面清楚。醒目，而不刺眼；丰富，而不花哨；有所侧重，而不差异悬殊。尤其重要的是，版面四周要注意留出一定的空隙，不能紧贴四边；同时应保持版面的疏朗“透气”，切忌密不透风，满目皆“字”。要达到版面编排合理、块面活泼统一的效果（图 4－301），一般可采用对称式布局和均衡式布局两种布局方式。

图 4－301－1　排版

图 4－301－2　排版

3. 设计报头、标题的字体和题图

由于报头是板报的主题，所以要设计得十分醒目，且要大于其他图案和花边。

通栏标题是贯穿黑板报整个版面的主题性标题，在内容上它精炼地集中概括了黑板报的宣传中心思想，在形式上它又以色彩艳丽，字形庄重、大方、美观占据了版面的显要位置，是黑板报传达视觉信息的第一窗口（图 4－302）。

文章标题最好单列出来，且不一定放在段首，置于段中、侧面或图案之中会更引人注目。标题色彩应尽量保持一个主要的色调，题图的装饰应适当合理，避免花哨，否则会造成版面色彩混乱，达不到美化的目的（图 4－303）。

图 4－302　设计报头

图 4－303　设计题图

4．画尾花、花边、总体调整

在完善版面时，对不满意的地方做一些修改，做到尽善尽美。应注意题花、插图、尾花、花边不宜用量太多，否则会给人以眼花缭乱的感觉，影响对主题的渲染。在处理版面色彩时还应注意字与图的明度与底色的明度之间的距离，以求得字、画的清晰。有关正文的文字颜色方面，黑板报以白色为主，墙报以黑色为主，这样显得有变化而不花哨，从而达到整体协调、统一的效果。

图 4－304 至图 4－312 为黑板报与墙报参考图。

图 4－304　文字

图 4－305　文字

图 4-306　插图

图 4-307　插图

图 4-308　题花

图 4-309　题花

图 4-310　题花

图 4-311　题花

图 4-312　尾花

二、海报与广告的设计

(一) 海报与广告的概念和特点

海报与广告又称招贴画，它张贴于公共场所，是向大众传递信息的一种常用的形式。它的可复制性及传播方式使其具有快速、广泛及制作成本低廉的特点。在信息发布与传播过程中，是一种不容忽视的重要媒介（图 4-313）。

同时，海报与广告具有尺寸大、远视效果好、视觉冲击力强、创意卓越和艺术性强等特点，它的大尺寸、很强的视觉冲击力给人以深刻印象，吸引人进一步了解其所宣传的内容；卓越的创意创造的简练文字和图形，则达到了迅速、准确、有效传达信息的目的（图4-314）。

图 4-313　晚会海报

图 4-314　国外招贴海报

（二）海报与广告的种类

海报与广告可以分为社会公共广告、商业广告、文化娱乐广告、艺术广告等。在学校里，海报与广告一般用于传播文艺演出、运动会、展览会、舞会、周末晚会、报告会等信息。

1. 社会公共广告

社会政治广告：包括政党、社会团体某种观念的宣传与活动广告、政府部门制定的政策方针的宣传广告以及重大政治活动广告。

社会公益广告：包括社会公德、社会福利、环境保护、劳动保护、交通安全、防火、防盗、禁烟、禁毒、预防疾病、计划生育、保护妇女儿童权益等宣传广告（图4-315）。

社会活动广告：包括各种节日以及集会、民族活动，如妇女节、儿童节、教师节、国庆节、圣诞节、狂欢节等宣传广告（图4-316）。

2. 商业广告

商业广告包括各类商品的宣传、展销，树立企业形象，以及观光旅游、交易会、邮电、交通、保险等方面的广告（图4-317）。

3. 文化娱乐广告

文化娱乐广告包括科技、教育、文学艺术、新闻出版、文物、体育等方面的广告，如音乐、舞蹈、戏剧的演出广告，电影广告，各种展销、展览广告，运动会广告等（图 4－318）。

图 4－315　禁烟公益广告

图 4－316　校园圣诞节海报

图 4－317　商业广告

图 4－318　《海底总动员》电影广告

4. 艺术广告

艺术广告包括各类艺术节、绘画展、设计展、摄影展等的广告（图 4 - 319）。

图 4 - 319　国外音乐会海报

（三）海报与广告的构成要素

海报与广告是由文字、图形和色彩三大要素构成，一个成功的招贴画设计离不开文字、图形和色彩的完美组合，缺少了其中任何一个要素，都无法使招贴画设计的艺术性完美地展现出来（图 4 - 320）。

（1）文字（标题、正文、广告语、单位名称等）是一种最直接和正确表达海报与广告内容的视觉传达符号。它既可以准确叙述广告正文、标明广告标题，也可以作为单独的图形符号参与广告的创意与构想（图 4 - 321）。

（2）图形（插图、标志等）是用视觉的艺术手段来传达信息，增强记忆效果，让观众能够以更快、更直观的方式来感受，同时也让观众留下更深刻的印象。图形内容要突出海报与广告的个性，通俗易懂、简洁明快，有强烈的视觉效果。图形一般是围绕着标题和正文来展开的，对标题起衬托作用（图 4 - 322）。

（3）色彩是把握人的视觉的关键所在，也是海报与广告表现形式的重点所在。有个性的色彩通过强烈的视觉冲击力，直接吸引观众的注意和激发情感的共鸣，同时深刻揭示形象的个性特点和招贴的主题，强化感知力度，加深印象，使招贴画在传递信息的同时给人以美的享受（图 4 - 323）。

图 4－320 海报与广告的三大要素

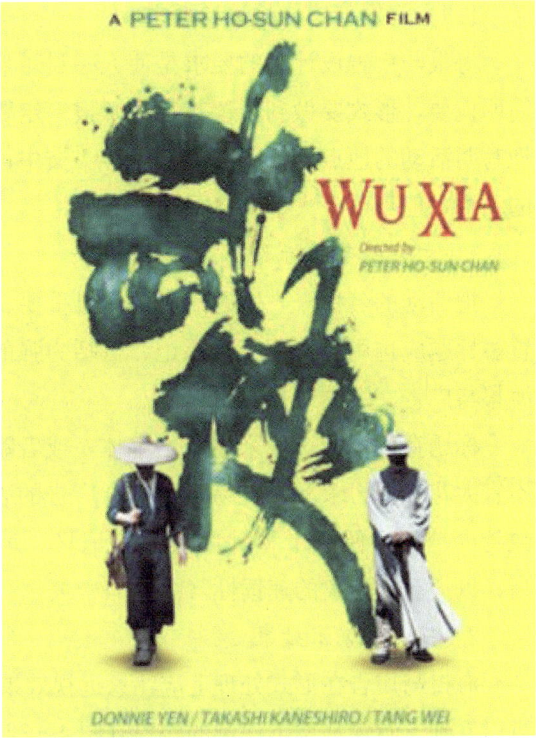

图 4－321 电影广告（文字）

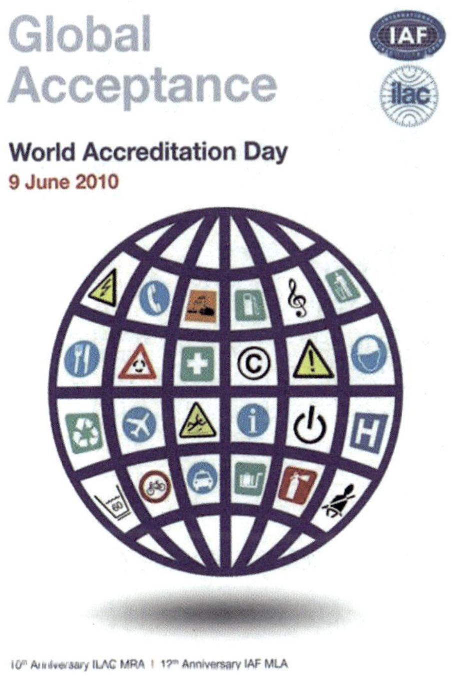

图 4－322 世界认可日招贴画（图形）

图 4－323 运动会广告（色彩）

（四）海报与广告的设计要求

海报与广告设计总的要求是使人一目了然，语言要求简明扼要，形式要做到新颖美观。海报一定要具体、真实地写明活动的地点、时间及主要内容。文中可以用鼓动性的词语，但不可夸大事实（图 4 - 324）。

图 4 - 324　警示全球变暖公益海报

1. 主题明确的标题

把活动的名称——标题——放在最重要、最醒目的位置。标题应选用简洁明了、易记、概括力强的短语，这是海报与广告文字中最重要的部分。

标题在设计上一般采用基本字体，或者略加变化，而不宜太花，要力求醒目、易读，符合广告的表现意图。字数越少越好，便于十秒钟内读完和记忆。字体宜大而清晰，以提高远距离的速读性（图 4 - 325）。

2. 强烈的艺术效果

海报与广告在形式处理上应注意远视效果，要产生强烈的视觉冲击，使人们在远处就可以看到、看懂并留下深刻的印象（图 4 - 326）。

图 4 - 325　主题明确的标题

图 4 - 326　《雪花秘扇》国际版海报

海报与广告所用的图形可以选用美术插图或摄影作品，但必须具备客观性、独创性、单纯性。要有事实依据；要新奇、夸张，与众不同；要简洁、直率，并使图形有爆发力，突出图形的艺术魅力。力求“插图即一切”，没有文稿也能明确表达主题，使人瞬间就能看懂（图 4－327）。

海报与广告宜选用简洁、概括、对比强烈的色彩。由于明度对比强烈、可见度高，易于突出主要部分。在色相、纯度上应注意运用冷暖对比、纯度对比，以突出主体，突出画面形象与底色的关系，突出海报画面与周围环境的对比，增强海报的视觉效果（图 4－328）。

图 4－327　学生电影节海报

图 4－328　校园音乐会海报

标题、插图的色彩，与背景色要对比强烈。同时在运用色彩上必须考虑它的象征意义，这样才能更贴合主题。

3. 富于创造性和新颖性的构图

海报与广告一旦缺乏创造性和新颖性，就会显得平淡无奇而不醒目，因此构图要新奇、夸张。构图的“视觉流程”要简捷、空间要宽敞。画面一旦复杂，主题就容易模糊。只有严格选择，贵于精妙，才能远距离夺目，一目了然（图 4－329）。

严肃的活动应以对称的构图形式出现，非严肃的活动以非对称的构图为宜，但应注意视觉上的均衡，注意疏密关系的恰当处理。

在制作上可运用适当的技法以求新颖（图 4－330）。

（五）校园 POP 海报设计

由于 POP 海报具有手绘性、低成本和创意自由等特点，因而十分适合在校园中运用（图 4－331）。

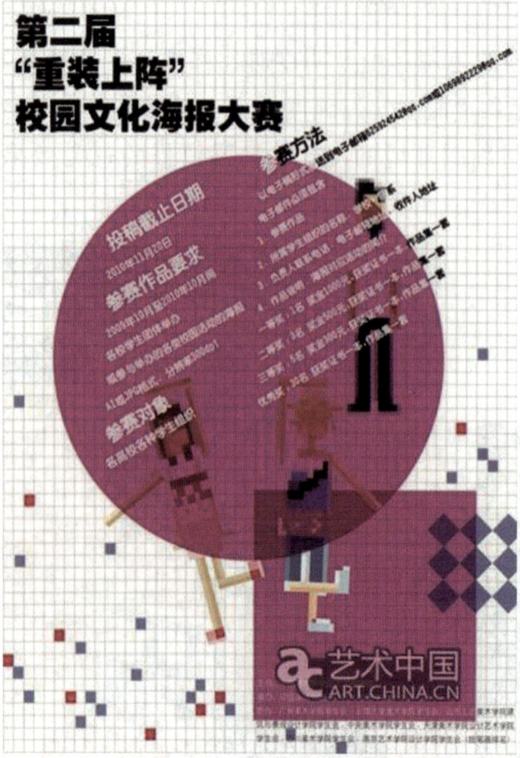

图 4 - 329　构图新奇夸张

图 4 - 330　制作技法新颖

图 4 - 331　校园 POP 海报

校园 POP 海报设计充满浓郁的校园气氛，成为校园文化中一道亮丽的风景线，是校园特有的传播媒介，成为校园社团、团委、学生会等发布信息的最好方式。手绘 POP 是校园海报的主要表达形式，以其制作简单、方便、快捷，形式新颖活泼，成本低廉等诸多优点越来越受到大家的重视和喜爱（图 4－332）。

校园 POP 海报的主要内容包括：校园会展告示 POP、校园竞赛告示 POP、校园节日告示 POP、校园活动告示 POP、校园宣传告示 POP、校园营销广告 POP 等。在制作一幅 POP 海报时，由于诉求主题、诉求角度的不同，最终的表现手法也会有所不同（图 4－333）。

图 4－332 校园社团发布信息海报

图 4－333 校园绘画活动海报

校园 POP 海报大多讲求参与性和号召性，商业性不强，通常文字内容较多，这时需要注意的就是文字与插图的编排构成（图 4－334）。校园 POP 的主要目标受众是校园师生，还有一些路人，因此它的色彩和形式都应与校园的整体环境相符合。只有色彩明亮、纯度较高，画面内容生动活泼，甚至幽默和搞笑，才符合年轻人的心理需求（图 4－335 至图 4－339）。

图 4－334　校园 POP 海报文字与插图的编排

图 4－335

图 4－336

图 4－337

图 4-338

图 4-339

二、贺卡的设计与制作

贺卡又称贺片、贺年片，它是亲朋好友在喜庆节日里互相表示问候的一种信物，是人们感情的桥梁。贺卡一般包括封面、内页和封底。封面上有图或文字，表明贺卡的性质；内页上一般有贺词，写上一些祝福的话语（图 4-340）。

由于贺卡是沟通人与人之间的情感纽带，而其又往往以短句表达，比如宋代常写“敬贺正旦”。久而久之，贺语就逐渐程式化，讲究喜庆，互送吉语，传达人们对生活的期冀与憧憬。

图 4-340-1　多页贺卡封面

图 4-340-2　多页贺卡内页

（一）贺卡的种类

（1）根据用途分，有贺年卡、圣诞贺卡、生日贺卡、教师节贺卡、情人节贺卡，以及婚礼贺卡（图 4-341）。

图 4-341-1　圣诞贺卡

图 4-341-2　情人节贺卡

（2）根据形体分，有平面的与立体的，规则的与不规则的，横的、竖的、方的等（图 4-342）。平面的贺卡可以做成手绘卡，用彩铅、马克笔或者蜡笔等工具，在贺卡上作画（图 4-343）。立体的贺卡可以做成镂空卡，可以用白色或者彩色的“卡纸”，先画下图案，在想要镂空的地方作出标记，再用“刻刀”仔细刻下来即可（图 4-344）。

（3）根据幅页分，有单页、双页（图 4-345）、四页、多页（折扇式）等。

图 4-342　贺卡的不同形态

图 4-343　平面贺卡

图 4－344　立体贺卡

图 4－345　双页贺卡

（4）根据动静分，有不动的和能活动的。另外，有些贺卡还会发声（乐音和讲话）、发光、散发香味。

（二）贺卡的设计要求

根据贺卡的类型选择表现的内容。手绘的贺年卡可以画出当年的属相，如龙年画龙、猴年画猴；圣诞贺卡可画圣诞老人、圣诞树、圣诞礼物等；生日贺卡，老人的可画寿星、桃子之类吉祥纹样，儿童的可画小动物等。当然，还可根据各人的喜好，在贺卡上画其他的形象（图 4－346）。

图 4－346　贺卡的设计样例

贺卡的形式应力求新颖多样，除了前面所说的种类外，还可别出心裁地进行设计，在色彩方面，应不拘一格，可以使明度、色相、彩度作强对比，以形成华丽风格、热闹气氛，也可以进行弱对比，以形成清新淡雅的调子，但不应灰暗（图 4－347）。

图 4－347－1　贺卡的形式

图 4－347－2　贺卡的形式

在形式多样化方面，制作技法起着重要作用，除采用绘画、镂空等技法以外，还可以采用喷刷、粘贴、切折、滚印、转印、压印、吸附、开孔、衬垫（绸、绢下衬垫棉花，做成浮雕状）、丝带结扎等方法制作贺卡（图 4－348 至图 4－352）。

图 4－348－1　镂空

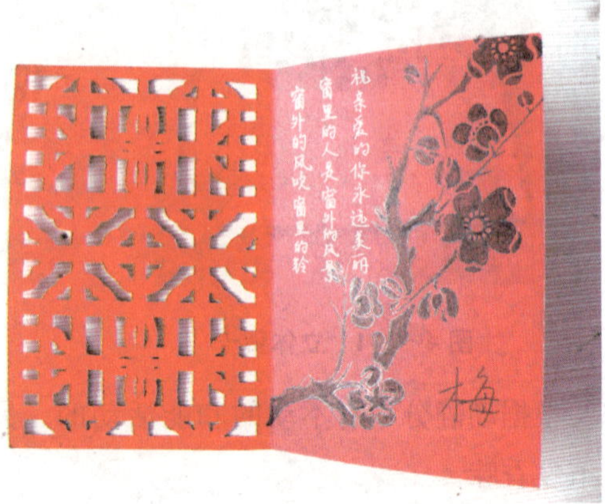

图 4－348－2　镂空

图 4－349　贺卡的多样形式

图 4－350　贺卡的多样形式

图 4－351　贺卡的多样形式

图 4－352　贺卡的多样形式

（三）贺卡制作的材料

（1）纸张：主要有白板纸、铜版纸、卡纸、图画纸、包装盒等。

（2）工具：主要有水粉色、水彩色、彩铅、蜡笔、马克笔、毛笔、彩色水笔、刀、剪子、胶水等。

（四）贺卡制作的方法

（1）设计：根据贺卡的内容及个人的情趣爱好设计贺卡的形式，它的形式有平面的、立体的、不规则的，可谓千姿百态、妙趣横生。

（2）绘制：贺卡的制作可利用绘画、剪贴、镂刻、折叠、缝绣等技法。贺卡的完成往往不止利用了一种方法，而是综合利用了各种方法，具体制作可因人而异。

（3）贺词：贺词是构成贺卡的重要内容之一。好的贺词，不仅能传递人与人之间的美好情感，而且对贺卡往往起到画龙点睛的作用。

四、教学挂图的设计与制作

（一）教学挂图与小学教学内容的密切关系

教学挂图是一种直观教具，在小学教学特别是在小学低年级的教学中，往往是不可缺少的。教学挂图的优点表现在直观性和形象性方面，它既能直接展现知识信息，加深学生的感性认识，又能帮助学生建立形象思维，克服语言表达的抽象性和复杂性问题。适时使用教学挂图还能很好地吸引学生的注意力，使学生的学习思路能够紧随教师的教学思路，更好地集中学生的听课注意力。同时教学挂图还具有经济性和灵活性等优点（图 4－353）。

图 4－353　狐假虎威

（二）教学挂图的特点

（1）图文并茂、形象逼真，便于学生理解所学知识，同时，形象直观的图画也给学生留下深刻的印象，有利于营造学习氛围、激发学生的学习兴趣。

（2）教学挂图可以把抽象的概念形象化，把枯燥的教学通过艺术加工处理变得生动活泼、形象鲜明。学生看得着、想得到、印象深、记得牢，能有效地提高教学效果。

（3）教师自己制作教学挂图，是理解教学内容的过程，是对教学进行充分准备的过程。

（4）教学挂图作为教学中的一个手段，不仅是教学用具，而且是教师开发学生潜能的一种途径，有其不可取代的作用（图 4－354）。

图 4－354　凿壁偷光

（三）小学教学挂图的制作

绘制教学挂图，是每个小学教师应该掌握的一项基本技能。在学习教学挂图的绘制时，应该密切结合小学教学工作的实际来进行，运用美术课学到的知识和技能为提高小学教学质量服务。

1. 教学挂图的制作形式

教学挂图一般采用直接绘画形式来制作，其绘制方式从技法上分大致有：黑白画法、单线平涂画法、色块画法、木刻画法、水彩（粉）画法、水墨画法等。

（1）黑白画法。这是以一种单色的黑线、面或线面相结合的形式来绘制教学挂图。这种画法易于操作，运用比较广泛，在各科教学中几乎都能用到。在黑白教学挂图的绘制过程中，我们可以充分地运用在“简笔画”和“明暗”等教学内容中所学到的知识与技能，使画面获得较好的艺术效果（图 4－355）。

（2）单线平涂画法。这种画法和儿童美术作品的画法有相似之处，在教学挂图中运用较为广泛，是要重点学习和掌握的画法之一（图 4－356）。

图 4－355　黑白画法

图 4－356　单线平涂画法

（3）色块画法。这是一种装饰性较强的画法，它和布贴画有相似之处。这种画法色彩鲜丽、制作简便，容易取得较好的效果。目前有些儿童读物的插图就是采用这种表现方法。在这种画法中要特别注意的是色彩对比关系的处理（图 4－357）。

（4）木刻画法。这是仿照木刻形式来绘制的一种教学挂图，一般可分为单色和彩色的两种。彩色的可以用先上色后上墨的方法（但也可相反），色彩以单纯明快为佳，在上墨和上色时要注意表现木刻应有的“刀味”（图 4－358）。

图 4－357　色块画法

图 4－358　《欢乐的藏族儿童》（木刻画法）牛文

（5）水彩（粉）画法。这种画法宜用于自然景观和静物、道具、蔬果一类的教学挂图，它的特点是真实性较强（图 4－359）。

（6）水墨画法。这是运用国画水墨技法来绘制教学挂图。制作这种挂图需要有较高的绘画造型能力和熟练的水墨技巧，在绘制的过程中一般要多画几张，以便从中选出比较满意的一幅。这种画水墨酣畅、别具一格（图 4－360）。

图 4－359　水彩（粉）画法

图 4－360　水墨画法

2. 教学挂图的制作要求

（1）色彩鲜艳明亮，画面富有层次，制作材料在统一中求变化。

一幅挂图应该对学生有较强的吸引力，因此在设计挂图时特别要注意色彩的运用，合理调配色彩。教师可运用对比色（如红与绿、黄与紫）、同类色（如深红、朱红、粉红）、邻近色（如红与橙、青与紫），使画面鲜明、和谐，以使教学挂图具有较强的吸引力。为了防止画面颜色灰暗，应避免复色的多次使用，也不宜大面积地使用冷色（图 4－361）。

可以同时使用不同的颜料以追求较好的视觉效果，比如先用油画棒画出物体轮廓，再用透明的水彩颜料大面积平涂底色，使挂图更具立体感和层次感，可更显活泼（图 4－362）。

图 4－361　色彩鲜艳明亮

图 4－362　层次感强

此外，还可以恰当地同时使用不同种材料，以突出挂图的层次，使画面更加丰富。如图中的树、人物可以采用彩色布片或彩色卡纸制作，使其凸显出来，产生立体感，而背景中的树叶可以用水彩涂画，以取得透明、轻快的效果（图 4－363）。

（2）形象活泼可爱，突出美感。

我们还应从小学生的审美特点出发，选择小学生喜爱的造型，着意突出教学挂图的美感。像太阳公公、大树奶奶、树叶娃娃、兔妈妈、象伯伯这些比较夸张或拟人化的形象，特别受低年级小学生的喜爱（图 4－364）。

图 4－363　使用不同材质制作

图 4－364　形象活泼可爱

图 4－365 至图 4－366 为教学挂图范例。

图 4－365－1　自然常识教学挂图

图 4－365－2　自然常识教学挂图

图 4-366　英语教学挂图

本章小结

本章从小学教师所必须具备的综合素质入手，通过图案、儿童美术和简笔画的学习，以及美术字、板报设计、海报与广告设计、贺卡设计与制作、教学挂图设计与绘制等一系列应用美术知识的学习和练习，提高学生的综合能力，增强学生的动手能力。为学生今后在小学实践工作中，美化小学班级、丰富小学教学内容和提高教学能力打下坚实的基础。

思考与练习

1. 什么是图案？它的形式美法则包括哪些内容？
2. 儿童美术与儿童画有什么不同？
3. 简笔画的造型原则是什么？
4. 美术字的书写规律是什么？
5. 黑板报与墙报的版面包括哪些内容？
6. 海报与广告的构成要素是什么？
7. 小学教学挂图的直接绘画形式有哪些？

参考文献和阅读书目

1. 余乐孝．应用美术．北京：高等教育出版社，1999
2. 徐宾．图案纹样基础．北京：中国纺织出版社，2004
3. 涂永录．简笔画技法与运用．杭州：中国美术学院出版社，1996
4. 余秉楠．美术字．北京：人民美术出版社，1980
5. 吴冠英．动画造型设计．北京：清华大学出版社，2003
6. 林倬云．黑板报壁报完全手册．上海：文汇出版社，2000
7. 周小儒，倪勇．广告设计．北京：化学工业出版社，2004
8. 陆红阳，喻湘龙．创意营销·手绘 POP（校园）．南宁：广西美术出版社，2005
9. 汤义勇．招贴设计．上海：上海人民美术出版社，2004

图书在版编目（CIP）数据

美术基础/陈小珩主编. —4 版. —北京：中国人民大学出版社，2019.3
21 世纪小学教师教育系列教材/惠中总主编
ISBN 978-7-300-26498-1

Ⅰ.①美… Ⅱ.①陈… Ⅲ.①美术课-教学研究-小学教师-师资培养-教材 Ⅳ.①G623.752

中国版本图书馆 CIP 数据核字（2018）第 276406 号

21 世纪小学教师教育系列教材
总主编　惠　中
美术基础（第四版）
主编　陈小珩
Meishu Jichu

出版发行	中国人民大学出版社		
社　　址	北京中关村大街 31 号	**邮政编码**	100080
电　　话	010－62511242（总编室）		010－62511770（质管部）
	010－82501766（邮购部）		010－62514148（门市部）
	010－62515195（发行公司）		010－62515275（盗版举报）
网　　址	http://www.crup.com.cn		
经　　销	新华书店		
印　　刷	唐山玺诚印务有限公司	**版　　次**	2006 年 12 月第 1 版
开　　本	787 mm×1092 mm　1/16		2019 年 3 月第 4 版
印　　张	17	**印　　次**	2024 年 1 月第 11 次印刷
字　　数	315 000	**定　　价**	58.00 元